Sitzungsberichte der Heidelberger Akademie der Wissenschaften
Philosophisch-historische Klasse
Jahrgang 1981 · Bericht 6

WERNER BEIERWALTES

Regio Beatitudinis

Zu Augustins Begriff des glücklichen Lebens

Vorgelegt am 24. Januar 1981

HEIDELBERG 1981
CARL WINTER · UNIVERSITÄTSVERLAG

CIP-Kurztitelaufnahme der Deutschen Bibliothek

Beierwaltes, Werner:
Regio Beatitudinis: zu Augustins Begriff d. glückl. Lebens;
vorgelegt am 24. Januar 1981 / Werner Beierwaltes. –
Heidelberg: Winter, 1981.
  (Sitzungsberichte der Heidelberger Akademie der
  Wissenschaften, Philosophisch-Historische Klasse;
  Jg. 1981, Bericht 6)
  ISBN 3-533-02995-6
NE: Heidelberger Akademie der Wissenschaften /
Philosophisch-Historische Klasse: Sitzungsberichte
der Heidelberger . . .

ISBN 3-533-02995-6

Alle Rechte vorbehalten. © 1981. Carl Winter Universitätsverlag, gegr. 1822, GmbH., Heidelberg
Photomechanische Wiedergabe nur mit ausdrücklicher Genehmigung durch den Verlag
Imprimé en Allemagne. Printed in Germany
Photosatz und Druck: Carl Winter Universitätsverlag, Abteilung Druckerei, Heidelberg

I

Regio beatitudinis – Dimension des Glücks[1]: die Frage nach ihr war sowohl für die antike Philosophie als auch für die christliche Theologie zentral, sofern es ihr um die Bestimmung des Menschen ging. Die Frage, was Glück, glückliches oder geglücktes, erfülltes Leben sei, konnte nur im Zusammenhang mit der Frage nach den Möglichkeiten des Menschen, nach seinem Ziel und nach dem „höchsten Gut" in sich *und* für ihn reflektiert werden. Bisweilen verstand sich Philosophie sogar – zum Beispiel in der Stoa und bei Epikur – als eine umfassende Anweisung zum glücklichen Leben, die die Reflexion auf alle Gegenstandsbereiche in den Dienst dieses einen Gedankens stellte. Nachdem die Frage nach dem Glück für einige Zeit zumindest als offenes Thema (im Sinne eines eher popularphilosophischen Bedürfnisses) verdrängt war – zum Beispiel in der rein transzendentalen Phänomenologie, dem seinsgeschichtlichen Denken und der positivistischen Wissenschaftstheorie – beginnt sie in der Philosophie der Gegenwart wieder ganz entschieden ins Be-

Vorbemerkung

Dieser Text wurde für die 'Saint Augustine Lecture' des Jahres 1980 an der Universität Villanova (Pennsylvania, USA) geschrieben. In englischer Übersetzung erscheint er in der von Robert P. Russell, R. J. DeSimone und B. A. Paparella herausgegebenen Reihe der 'Saint Augustine Lectures' des Augustinian Institute an der Villanova University.

[1] Der Titel *'regio beatitudinis'* ist sprachlich durch analoge Verbindungen Augustins gerechtfertigt, z. B. Beata vita 3: regio beatae vitae; Conf. IX 10,24: regio ubertatis indeficientis (als Bezeichnung des göttlichen Seins). Lib. arb. II 11,30 (Gott als „Bereich" der „unwandelbaren Wahrheit" von Zahl und Idee); Conf. VII 10,16: regio dissimilitudinis (Welt als Dimension des Unähnlichen [in der Ähnlichkeit] gegenüber Gott, terminologisch und sachlich anknüpfend an Plat. Polit. 273 d 6f und Plot. I 8, 13, 16f. Vgl. E. TeSelle, 'Regio dissimilitudinis' in the Christian tradition and its context in late Greek Philosophy, in: Aug. Studies 6, 1975, 153-179). [Nachträglich finde ich als Bestätigung des Titels den Terminus 'regio beatitudinis' in der Predigt des Achard de Saint Victor (Abt von St. Victor in Paris von 1155 – 1161) zum Fest des Hl. Augustinus. Ausgehend von Conf. VII 10,16: „In regione dissimilitudinis, in qua invenit se Augustinus longe esse a Deo" entwickelt er drei 'regiones similitudinis' (= increatae trinitatis, aequalitatis, unitatis): prima naturae, secunda iustitiae, tertia vitae beatae. Vgl. Achard de Saint-Victor, Sermons inédits, ed. J. Chatillon, Paris 1970, 101ff. 107: 'regio beatitudinis'.]

wußtsein zu rücken². Dies hängt mit der weitreichenden Rehabilitierung der praktischen Philosophie zusammen, die ihrerseits im Kontext der Überzeugung steht, Philosophie müsse *auch* Konzepte für vernünftiges Handeln entwerfen oder aber es sei ihr in ihrer gegenwärtigen Situation eigentlich *nur* dies möglich: Ethik zu sein. Paradigmatisch für diese Einstellung ist – zumindest im deutschen Sprachraum – der Versuch von Walter Schulz, eine „zeitgemäße Ethik" zu entwerfen, die von der Grundkategorie 'Verantwortung' her „das größte Glück der größten Zahl" postuliert. In einer Abgrenzung zum utilitaristischen Eudämonismus hin versteht Schulz die ethische Betätigung selbst als eine wesentliche Glücksquelle. „Die 'Befriedigung', die das Gefühl, verantwortlich zu handeln – ob mit oder ohne Erfolg – ergibt, ist das eigentlich menschenwürdige Glück, weil es zur Natur des Menschseins gehört, daß der Mensch selbst die Aufgabe übernimmt, das Gute als die Ordnung herzustellen, unter der er zu leben vermag"³. Glück wird so in die Autonomie oder Autarkie der menschlichen Subjektivität gesetzt, die sich im verantwortungsvollen Zusammenleben Normen setzend realisiert und bewährt. – Nicht immer freilich tritt in zeitgenössischen Überlegungen die Frage nach dem Glück auch expressis verbis als solche auf, sie liegt vielmehr – psychologisch oder soziologisch und politisch orientiert – anderen Fragestellungen zugrunde oder in deren Ziel. Zu umschreiben sind diese etwa mit den Formeln: Suche des Menschen nach seiner Identität[4]; Emanzipation aus den Zwängen einer technisierten, bürokratisierten, durch und durch zweckorientierten und deshalb auf das Individuum repressiv wirkenden Gesellschaft; Aufhebung der vielfältigen Entfremdung des Menschen, der er in seiner Arbeitswelt ausgesetzt ist; Lustmaximierung gegen Unterdrückung der Triebe[5]; Befreiung von politischer Unterdrückung und ideologischer Indoktrination; Wiedergewinnung bestimmter ästhetischer Qualitäten unseres Daseins, die es

---

[2] Hier soll nur auf Weniges (verschiedener Provenienz, auch im Kontext zu psychologischen und soziologischen Konzepten) verwiesen werden: J. Pieper, Glück und Kontemplation, München 1957. W. Tatarkiewicz, Analysis of happiness, Den Haag 1976 (polnisch 1962). H. Kundler (Hg.), Anatomie des Glücks, Köln 1971. U. Hommes (Hg.), Was ist Glück? Ein Symposion, München 1976. H. Krämer, Prolegomena zu einer Kategorienlehre des richtigen Lebens, Phil. Jahrbuch 83, 1976, 71-97. G. Bien (Hg.), Die Frage nach dem Glück, Stuttgart 1978.

[3] W. Schulz, Philosophie in der veränderten Welt, Pfullingen 1972, 746.

[4] Vgl. z. B. E. H. Erikson, The problem of Ego Identity, in: Journ. Amer. Psych. Assoc. 4, 1956, 56-121 (deutsch in: Identität und Lebenszyklus, Frankfurt 1973, 123ff).

[5] Diese Fragen thematisiert u. a. H. Marcuse in: Der eindimensionale Mensch, Neuwied 1967²; Triebstruktur und Gesellschaft, Frankfurt 1967.

menschlicher gestalten; ganz allgemein: die Entwicklung der wahren Menschlichkeit des Menschen, in der er „zu sich" und „dem Seinen" kommt, Konstitution einer Gesellschaft, in der *„the pursuit of happiness"*[6] nicht zu einem nur ironisch zitierbaren Grundrecht verkommt. Diese Formeln haben alle einen mehr oder weniger stark ausgeprägten utopischen Grundzug; sie beschreiben nicht so sehr, was *ist,* sondern postulieren oder antizipieren, was sein *könnte* oder sein *sollte.* Freilich war der Blick auf das Kommende der Idee vom Glück in bestimmtem Sinne immer schon eigen – „in alium maturescimus partum" (Seneca, ep. 102), wenn wir uns in das wahre Selbst befreien –, die Prädominanz des Utopischen aber mag zurecht auch Skepsis gegen die Reflexion auf Glück zu provozieren, dies insbesondere angesichts des gesellschaftlichen Verstrickungszusammenhangs von vielfältigen Zwängen mit dem Bedürfnis nach realer Freiheit des Individuums; Skepsis auch gegen die Möglichkeit überhaupt, das Glück einmal fraglos zu haben. „Mit dem Glück ist es nicht anders als mit der Wahrheit: Man hat es nicht, sondern ist darin. Ja, Glück ist nichts anderes als das Umfangensein, Nachbild der Geborgenheit in der Mutter. Darum aber kann kein Glücklicher je wissen, daß er es ist. Um das Glück zu sehen, müßte er aus ihm heraustreten: er wäre wie ein Geborener"[7]. Das psychoanalytische Bild zerbricht jedoch, weil wir „Geborene" sind, weil wir den Zustand reflexionsloser Naivität weder festhalten noch in ihn zurückkehren können. Daraus ergibt sich für den Menschen die Notwendigkeit einer Reflexion *auch* auf die Idee von Glück oder *gerade* auf sie, sofern er sich überhaupt – nicht utopisch überanstrengt – um sein Telos kümmert. Das „'rien faire comme une bête', auf dem Wasser liegen und friedlich in den Himmel schauen" könnte schwerlich als Bild eines durch Vernunft ständig herausgeforderten und vielleicht gerade darin glücklichen Lebens gelten; freilich wäre dieser zumindest intendierten Befriedung der Reflexion nicht ein Plädoyer für Praxismus, Aktion, Prozeß oder Fortschritt allein als Quelle des Glücks gegenüberzusetzen. Glück scheint

---

[6] 'The pursuit of happiness' gehört zu den Grundrechten, die in der amerikanischen Declaration of Independence (4. Juli 1776) verankert sind (in keiner europäischen Verfassung ist dieses Recht auf Glück zu finden): „We hold these truths to be self-evident, that all men are created equal, that they are endowed by their creator with certain unalienable rights, that among these are life, liberty and the pursuit of happiness." Vgl. hierzu C. L. Becker, The Declaration of Independence, New York 1942². H. M. Jones, The pursuit of happiness, Cambridge 1953 (über die bisweilen grotesken Folgen dieser Rechtsformel in der Rechtssprechung).

[7] T. W. Adorno, Minima Moralia. Reflexionen aus dem beschädigten Leben, Frankfurt 1964, 143.

vielmehr auch in der gegenwärtigen Situation von Gesellschaft und individuellem Bewußtsein an eine produktive Synthese von Reflexivität und sinnvoller, durch eben diese Reflexivität geleiteter Praxis gebunden zu sein.

Aus diesen Andeutungen bereits mag evident werden, daß gegenwärtige Reflexionen über das Glück im Vergleich mit der griechischen und christlichen Antike Unterschiedliches intendieren und unterschiedlich begründet sind. Dennoch ist eine Überlegung hierzu kein Geschäft von bloß historischem Interesse: sie könnte gerade an etwas erinnern, was der Gegenwart fehlt und ihr als Desiderat auch bewußt werden sollte. Hier wie dort nämlich geht es um einen verantwortbaren Begriff des Menschen und dessen Verwirklichung. Eine ausschließliche Entscheidung für die eine oder andere Seite wäre allerdings absurd. Die Suche nach *Korrektur* gegenwärtigen Denkens durch und aus dessen eigener Vergangenheit aber ist eine zentrale Aufgabe der Philosophie.

II

Es ist sicher kein Pauschalismus, zu sagen, daß gerade diejenigen Grundpositionen der griechischen *Philosophie,* die das spätere Denken nachhaltig bestimmten, das glückliche Leben oder das Wesen des Glücks vom Erkennen, Wissen oder Sehen her begreifen. Philosophie ist die argumentative Form dieses Gedankens, der in *Dichtung* und *Religion* analoge Gestalt gewinnt: diese preisen von ihren eigenen Voraussetzungen her das Sehen des höchsten Gegenstandes oder Geschehens als den Zustand vollendeten Glücks.

In einem Threnos *Pindars* zum Beispiel gilt der Makarismos demjenigen, der Einsicht gewann durch das Sehen der Mysterien, der also eingeweiht war in die 'Eleusinien':
„Glücklich, wer – nachdem er Jenes sah –
unter die Erde ging.
Er weiß des Lebens Ende,
er weiß den gottgegebenen Anfang"[8].

---

[8] Frg. 121 (Bowra):
ὄλβιος ὅστις ἰδὼν κεῖν' εἶσ' ὑπὸ χθόν·
οἶδε μὲν βίου τελευτάν,
οἶδεν δὲ διόσδοτον ἀρχάν.

Einsicht oder Wissen durch sehendes Forschen ist auch für *Euripides* der Grund von Glück – Einsicht in die Herkunft und in die Seins-Weise der unvergänglichen Ordnung der Physis. Die objektive, sichtbar gegebene Ordnung wird sogar – in der Einsicht vermittelt – zum Maß für ein ethisch sinnvolles Handeln des Menschen:

„Glücklich, der im Forschen Erkenntnis (Wissen) erlangte,
nicht bricht er auf zu ungerechtem Tun,
den Bürgern zum Unheil,
sondern der unsterblichen Natur nicht-alternde Ordnung betrachtet er,
wie sie zustande kam
und wie sie ist.
Bei solchen sitzt nie schändlicher Werke Übung"[9].

Auch die römische Dichtung rühmt Einsicht oder Wissen als Glück: im Banne der epikureischen Naturphilosophie, die durch Erkenntnis der inneren Ursachen der Naturphänomene den Menschen von Angst zu befreien versucht, sieht *Vergil* die Intention und Würde seiner eigenen Dichtung in Analogie zu eben dieser Philosophie:

„Glücklich, wer es vermocht, die Gründe der Dinge zu erkennen,
und alle Ängste und das unerbittliche Schicksal
unter seine Füße geworfen und das Brausen des gierigen Acheron!
Beglückt auch der, welcher die Götter des Landes kennt,
Pan und Silvanus den Alten und die Nymphenschwestern!
Ihn beugen nicht die Ruten des Volkes, nicht der Purpur der Könige und der Zwist, der die falschen Brüder hetzt,
noch der Daker, der von der Donau herab kommt, die mit ihm verschworen ist,
nicht Wirren Roms noch Reiche, die zu Grunde gehen sollen; und

---

[9] Frg. (incertarum fabularum) 910 (Nauck²), überliefert bei Clem. Al. Strom IV 25 und Themist. Orat. XXIV (F 307 D), kann mit Sicherheit als euripideisch gelten:
ὄλβιος ὅστις τῆς ἱστορίας
ἔσχε μάθησιν,
μήτε πολιτῶν ἐπὶ πημοσύνην
μήτ' εἰς ἀδίκους πράξεις ὁρμῶν,
ἀλλ' ἀθανάτου καθορῶν φύσεως
κόσμον ἀγήρω, πῇ τε συνέστη
καὶ † ὅπῃ καὶ ὅπως.
τοῖς δὲ τοιούτοις οὐδέποτ' αἰσχρῶν
ἔργων μελέτημα προσίζει.

er quält sich nicht im Jammer um den Armen und haßt nicht den, der hat"[10].

Eine Reflexion auf einen für *Augustinus* so zentralen Begriff wie den des Glückes muß den durch das griechische Denken und durch dessen römische Rezeption gegebenen Horizont immer bewußt halten. Denn wesentliche Grundzüge des philosophisch oder dichterisch geprägten Gedankens, etwa daß Glück im Sehen oder Erkennen gründe, bleiben auch im Denken Augustins bestimmend, obgleich sie durch die christliche Offenbarung und Theologie in einen unterschiedlichen Kontext gerückt sind. Weil Augustinus trotz einer in bestimmtem Sinne differenten Explikation des Gedankens vom Glück nicht nur formal an die antike philosophische Tradition anknüpft, halte ich es für sachlich aufschlußreich, wenn ich zunächst paradigmatisch auf die *aristotelische* Fassung des Begriffs verweise. Knappe Bemerkungen zu *Platon* und *Plotin* sollen dem folgen. Ohne den Blick hierauf ist auch die neue, christliche Form des Gedankens schwerlich verstehbar.

a) Der *aristotelische* Begriff des Glücks und der es bedingenden Erkenntnis-Haltung ist Augustinus zumindest in den Grundzügen vor allem durch Cicero vermittelt, freilich in einer von diesem vollzogenen Transformation und „Verkürzung" der aristotelischen Frühschriften 'Über Philosophie' und 'Protreptikos'. Soviel wir aus den Fragmenten dieser Anweisung zum Philosophieren wissen, stellte sie die Notwendigkeit und Legitimation des Philosophierens eindringlich vor und machte so den Inhalt und Grund eines glücklichen Lebens evident.

Aufgrund des fragmentarischen Zustandes der beiden Schriften kann sich auch eine skizzenhafte Überlegung zu Aristoteles freilich nicht auf sie beschränken, sondern muß deren inhaltliche Begründung aus der aristotelischen Ethik und Metaphysik zu eruieren versuchen.

Die aristotelische Anweisung zum Philosophieren will, indem sie den Anfang des Philosophierens in Zeit setzt, das Denken durch Aufhebung des anfänglichen Staunens in den *Grund* des Staunens zurückführen. Der Grund des Staunens aber und damit das bewegende Element allen

---

[10] Georgica II 490ff, Übersetzung von Friedrich Klingner. Vgl. auch dessen Interpretation des Finales des 2. Buches in: Virgils Georgica, Zürich-Stuttgart 1963, 121ff. – Sprachlich und in gewisser Hinsicht auch sachlich knüpft noch Boethius (Cons. Phil. III m. 12,1ff.) an die vergilische Formulierung an, zugleich ergibt sich von ihm her auch eine Verbindung zu Augustins Telos-Gedanke:
Felix, qui potuit boni
fontem visere lucidum,
felix, qui potuit gravis
terrae solvere vincula.

Philosophierens und das Ziel menschlichen Handelns zugleich zeigt sich dem Denken in der es leitenden 'phronesis'[11]. Deshalb ist Anweisung zum Philosophieren Anweisung zur 'phronesis'. 'Phronesis' ist nicht lediglich ein anderer, beliebig austauschbarer Titel für 'philosophia', sondern macht den innersten Sinn von Philosophie und Philosophieren erkennbar. 'Phronesis' oder 'phronein' ganz allgemein als eine durch das Gute bestimmte Einsicht und als im Handeln wirksames Denken verstehbar, ist dem Menschen „das Ziel gemäß [seiner] Natur, das Letzte, um dessentwillen wir sind"[12]: 'phronesis' als Denkkraft und zugleich als praktisches Wissen oder praktische Vernunft ist das beste der Güter, ἄριστον πάντων[13], was am meisten des in uns Seienden verdient, daß es „ergriffen" werde; die in ihm beschlossene Möglichkeit soll zum „Werk der Seele" (ἔργον ψυχῆς[14]), d. h. im Denken sowohl als auch im Handeln wirklich und wirksam werden. Ursprung und maßgebender Vollzug von 'phronesis' und 'phronein' aber ist die mit 'praxis' insgesamt untrennbar verflochtene 'theoria' oder das 'theorein'. Dieses Grundwort griechischen Denkens ist im lateinischen Sprachbereich durch die Begriffe *contemplatio, cognitio, speculatio* oder *visio* übersetzt und interpretiert worden[15]. Es faßt in sich: Forschen und Frage, Sehen auf ..., Zuschauen und Betrachten, letzteres verstanden als das Trachten des Denkens, Sein insgesamt und dessen Grund empfangend zu vernehmen. Da dieses Betrachten Grundverfassung des Philosophierens ist und so den 'bios theoretikos' trägt und führt und zugleich den 'bios praktikos' als Prinzip bestimmt, wird deutlich, wie weit sich die Aussage von einem genuinen Verständnis griechischen Denkens entfernt: 'theoria' sei „bloßes, unbeteiligtes Zuschauen", im Grund kritikloses, praxisirrelevantes Sich-in-sich-selbst-Verspinnen des Denkens, das durch Verabsolutierung der „Theorie", in die Ferne wirkend, zum Verursacher neuzeitlicher Ideologien und nicht minder zur Affirmation des Gegebenen werde.

---

[11] Zur Eingrenzung der Bedeutung von 'phronesis' in der Nikomachischen Ethik gegenüber dem Protreptikos, die einer Entfernung von der ursprünglich platonischen Position gleichkommt, s. W. Jaeger, Über Ursprung und Kreislauf des philosophischen Lebensideals, Sitzungsberichte der Preußischen Akademie der Wissenschaften 1928, 408. Ders., Aristoteles, Berlin 1923, 82f.

[12] Protreptikos B 17 (ed. Düring, Quellen der Philosophie 9, Frankfurt 1969).

[13] B 20. B 40. B 70.

[14] B 70.

[15] Vgl. hierzu P. Boesch, Θεωρός, Göttingen 1908. F. Boll, Vita contemplativa, Heidelberg 1922, 29f (für cognitio, contemplatio, consideratio). W. Beierwaltes, Artikel 'Betrachtung' in: Lexikon des Mittelalters, München-Zürich 1980, 2085-87.

Das Wesen von 'theoria' und der Sinn des 'bios theoretikos', deren Elemente Aristoteles im Dialog 'Über Philosophie' und im 'Protreptikos' nur formelhaft nennt, werden im 7. Kapitel des X. Buches der Nikomachischen Ethik von ihrem Grunde her entfaltet.

Voraussetzung für den Vollzug von 'theoria' ist Muße[16]. Sie ist ein den Akt des Philosophierens durchtragendes und bestimmendes Prinzip, eine Grundhaltung, die Philosophieren im Sinne des Aristoteles erst ermöglicht. Ihr steht entgegen das geschäftige Sich-Verlieren an das Mannigfache. Durch Muße nimmt sich das Denken weg von dem ihm Fremden, um sich in das ihm Eigene, in den Grund seines Selbst zu sammeln. Während zum Beispiel die von ihr selbst her un-müßige Tätigkeit eines Politikers neben den im engeren und eigentlichen Sinne politischen Zielen – so wie Aristoteles dies beschreibt – immer noch Macht und Ehre sucht, sucht die in unnützlicher und gerade deshalb nicht beliebig verfügbarer Muße sich vollziehende Tätigkeit des philosophierenden Denkens, die 'energeia theoretike', nichts außer ihr selbst[17]. Sie ist sich selbst Ziel und genügt sich selbst ('autarkes'). Da das denkende Betrachten um seiner selbst willen „reines Denken"[18] und deshalb in ihm außer ihm selbst kein anderer Nutzen gesucht werden kann und darf[19], ist es im wahren Sinne *frei*: in sich seiend nur es selbst um seiner selbst willen; denn „frei ist, wer um seiner selbst und nicht um eines Anderen willen ist"[20]. Es ist demnach unfrei und unphilosophisch, über das höchste Ziel der menschlichen Existenz hinaus noch nach einem Nutzen zu fragen, unter dessen Botmäßigkeit eben dieses Ziel stünde. In seiner Politik[21] sagt deshalb Aristoteles: „Überall das Nützliche zu suchen, ist am wenigsten den Hochherzigen und den Freien eigen", sondern der Hang des βάναυσος. Wenn sich daher das betrachtende Denken als ein Moment menschlicher Freiheit vollzieht und sich in der Muße vermittelt, so ist es nicht als „untätig" oder „unpraktisch" zu denken, sondern vielmehr als höchste Tätigkeit die vollendete Einheit von 'theoria' und 'praxis', von der her alle 'praxis' maßgebend bestimmt wird. So ergibt sich zurecht als Bestimmung von

---

[16] Eth. Nic. 1177 b 4. Met. 981 b 23 (Wissenschaft entsteht nur im Medium der Muße – ohne Abzweckung). Pol. 1334 a 25. 1337 b 30ff.
[17] Eth. Nic. 1177 b 19.
[18] Protreptikos B 27.
[19] Die 'theoria' ist um ihrer selbst willen liebenswert: Eth. Nic. 1177 b 1. Sie ist sich selbst der höchste Nutzen: Protreptikos B 42f. Vorblickend ist auf Augustinus En. in Psalm 90, 2, 13 zu verweisen: Tota merces nostra visio est.
[20] Met. 982 b 25-28.
[21] Pol. 1337 b 8f. 1338 b 2ff.

'theoria', daß sie jene Einsicht sei, „die als Einsicht um der Einsicht willen selbst die höchste Möglichkeit der Praxis ist"[22].

'Theoria' als höchste Verwirklichung menschlichen Seins – gemäß dem Vermögen im Menschen, das auf Grund seiner Natur „herrscht und führt und sein Sinnen auf das Schöne und Göttliche richtet", „das selbst göttlich oder das Göttlichste in uns ist"[23], das Leben also gemäß dem betrachtenden Denken des Geistes *ist* „vollendetes *Glück*", 'teleia eudaimonia'[24]. Folglich kommt auch ihm wie der Muße und der 'theoria' zu, um ihrer selbst willen zu sein. Über es hinaus erstrebt der Mensch nichts, da es Verwirklichung und Erfüllung seines Seins schlechthin ist. „Es ist nämlich das Ziel"[25]. „Wir glauben aber", heißt es in der Nikomachischen Ethik[26], „daß dem Glück *Freude* beigemischt sein muß, die freudvollste unter den Tätigkeiten gemäß der 'arete' ist zugestandenermaßen die Tätigkeit der Weisheit." Glück, Freude und Weisheit sind also eine zwar in sich unterschiedene, jedoch nicht zu scheidende Einheit, deren Momente sich gegenseitig bedingen. Freude freut sich über das, was einer liebt. Wenn der Mensch nun die Vollendung seiner Existenz, das Ziel der Entfaltung des ihm Möglichen liebt und wenn diese Liebe zugleich seine höchste Tätigkeit ist, d. h. wenn seine Liebe zur Weisheit (φιλοσοφία) zur Weisheit des Wissens geworden ist, so kommt ihm aus ihr auch die höchste Freude. Aristoteles sagt daher zurecht: ἡ θεωρία τὸ ἥδιστον καὶ ἄριστον, „das betrachtende Denken ist das Freudvollste und Beste"[27]. Die eigentliche Freude gründet daher auch nicht im ständigen Suchen und Fragen, dem vielleicht nie Finden und Antwort beschieden ist, sondern im ständigen und reinen Sehen der Wahrheit. „Die Philosophie birgt wunderbare Freuden in sich durch ihre Reinheit und Beständigkeit. Es ist wohlbegründet, daß den Wissenden ein freudvolleres Leben zuteil ist als den Suchenden"[28].

[22] W. Bröcker, Aristoteles, Frankfurt 1957², 17.
[23] Eth. Nic. 1177 a 13ff.
[24] 1177 a 17: Der aristotelische Begriff von εὐδαιμονία, wie er in diesem Zusammenhang betrachtet wird, wäre zu differenzieren durch die Überlegungen der Eth. Nic. I 7ff., 1097 a 25ff. Vgl. hierzu K. Jacobi, Aristoteles' Einführung des Begriffs 'eudaimonia' im I. Buch der „Nikomachischen Ethik", in: Philos. Jahrbuch 86, 1979, 300-325.
[25] 1176 b 31. 1177 a 27.
[26] 1177 a 22-25.
[27] Met. 1072 b 24. Vgl. auch Protreptikos B 87. 94. Eth. Nic. 1099 a 15. Eth. Eud. 1214 a 30-33. 1214 b 4.
[28] Eth. Nic. 1177 a 25-27.

Ursache der Freude ist also der Besitz des ontologischen Grundes der Freude. Der Begriff des Glücks impliziert von sich her die Intention, das Erstrebte und Erreichte möge immerwährend und stetig bleiben. Diese Intention kann jedoch, wenn sie nicht reine Fiktion sein soll, nur aus dem Immerwähren und der Stetigkeit ihres Grundes entspringen. Die für den Menschen analoge Weise aber, die zeit-freie Stetigkeit und Tätigkeit des Grundes oder Prinzips schlechthin ('arche') nachzuvollziehen, ist das betrachtende Denken. Dies ist auch „die am meisten stetige (συνεχεστάτη) Tätigkeit; betrachtend zu denken vermögen wir nämlich stetiger als etwas (nach außen hin) zu tun"[29]. Folglich kann nur diese höchste Tätigkeit des betrachtenden Denkens „vollkommene Glückseligkeit des Menschen sein", wenn sie das vollendete (= zeitlich ganze) Leben des Menschen ganz umfaßte[30]. „Ein derartiges Leben aber wäre übermenschlich (κρείττων ἢ κατ' ἄνθρωπον); denn der Mensch kann es in dieser Weise nicht leben, sofern er Mensch ist, sondern sofern etwas Göttliches in ihm herrscht"[31].

Als das „ewige, beste Lebewesen"[32], dem stetiges und ewiges Leben zukommt, ist der *Gott* reine Tätigkeit des Denkens. Gerade die Stetigkeit seines Denkens (τὸ συνεχὲς τῆς νοήσεως [33]) ist das, was ihn aus allem anderen Seienden herausnimmt. Der mythologische Gedanke, daß der Gott nie schlafe, wird hier in den philosophischen Gedanken des immer wachen, weil stetig denkenden Gottes verwandelt. *Was* aber denkt der Gott? Aristoteles argumentiert folgendermaßen: Wenn der Gott in sich selbst das Beste und Werthafteste ist, dann kann er nur das Beste oder Werthafteste denken. Also denkt er *sich selbst*. Dächte er etwas anderes als sich selbst, so würde die ursprunghafte Einheit von Denken und Gedachtem in ihm geschieden, ein Zuvor und Danach verzeitlichte seine Ewigkeit, ein Besser und Weniger-Gut minderte seine *eine* Gutheit, ein Mögliches d. h. noch nicht Gedachtes, das zum wirklich Gedachten würde, höbe die reine Wirklichkeit des Denkens in ihm auf[34]. *Was* also denkt der Gott, wenn er sich selbst denkt? Er denkt sein Denken. „Sich selbst denkt er, da er das Beste ist, und das Denken ist Denken des Denkens": αὐτὸν ἄρα νοεῖ, εἴπερ ἐστὶ τὸ κράτιστον, καὶ ἔ-

---

[29] Ebd. 1177 a 21f.
[30] 1177 b 24ff. Vorblick auf das Problem der Unsterblichkeit (vgl. unten S. 28ff).
[31] Eth. Nic. 1177 b 26-28.
[32] Met. 1072 b 29f.
[33] Ebd. 1074 b 29.
[34] 1074 b 15ff.

στιν ἡ νόησις νοήσεως νόησις[35]. Gerade durch das stetige Denken ist er reine, höchste Tätigkeit oder Wirklichkeit, Ausschluß jeder erst vollendbaren Möglichkeit, immerwährender Vollzug seines Wesens als unermüdbares Leben. Im Denken des Denkens seiner selbst ist er immer in sich, auf sich selbst zurückvollzogen und dadurch seiner selbst bewußt. Der bewußte Besitz seiner selbst als seiendes Denken und seiendes Gedachtes *ist* seine Wirklichkeit: ἐνεργεῖ δὲ ἔχων. Im Blick auf diese Ursprung seiende Einheit von Denken und Gedachtem kann gesagt werden: Indem die Substanz des Gedachten das Denken ist, Denken aber im Sein gründet, ist dieses Gedachte und das Denken als Sein des seienden Gedachten die absolute Ursache; sie *ist* die in sich selbst unveränderbare Selbstbewegung des Denkens zu sich selbst hin. Trennung und Beziehung von Sein, Denken und seiendem Gedachten ist so in einem absoluten Sinne ein und die selbe[36].

Diesem göttlichen Selbstdenken gegenüber ist diskursiv verfahrendes menschliches Denken immer nur „zweite Philosophie", da es – in Zeit verflochten – nie sich selbst, zeitlos-stetig, als das Beste zu denken imstande ist. Seine Wesensform ist vielmehr Aussagen: kategoriales und praedikatives Sagen, das immer nur „etwas von etwas" sagt, τὶ κατὰ τινός, nie aber das Ganze. Gleichwohl vermag sie den im Denken seiner selbst sich selbst durchlichtenden göttlichen Grund von Sein und Denken denkend zu berühren. Da die menschliche Natur vielfach „Sklavin" ist, dürfte wohl, nach dem Spruch des Simonides, nur Gott das Wesensrecht des stetigen und alles Seiende begründenden und umfassenden Denkens zukommen[37]. Der Grund dafür aber, daß es der Mensch trotzdem wagt, das Leben des betrachtenden Denkens zu leben, weil er in ihm die Notwendigkeit seiner Natur erfüllt und nur in ihm die Vollendung seines Wesens durch das glückliche Leben erreichen kann, ist das in ihm vorlaufend-seiende Göttliche selbst. Dieses das Sein des Menschen vorlaufend begründende Göttliche ist Grund der Möglichkeit, daß es der Mensch in ihm selbst durch den Blick der 'theoria' als solches trifft. „Ist also der Geist, mit dem Menschen verglichen, *etwas Göttliches*, so ist auch das Leben nach dem Geiste göttlich im Vergleich zum menschlichen Leben"[38]. In den nun folgenden Sätzen erreicht die An-

---

[35] 1074 b 33-35. Zu diesem Problemkreis im ganzen vgl. die gedankenreiche Abhandlung von H. J. Krämer, Grundfragen der aristotelischen Theologie, in: Theologie und Philosophie 44, 1969, 363–382. 481–505.
[36] Vgl. hierzu Hegel, Geschichte der Philosophie II (1842) 294.
[37] Met. 982 b 29f.
[38] Eth. Nic. 1177 b 30f.

weisung zum Philosophieren und damit zum eigentlichen Glück ihr Innerstes und Höchstes: „Wir dürfen aber nicht im Gefolge der uns mahnenden Dichter Menschliches denken, da wir Mensch sind, und nicht Sterbliches, da wir sterblich sind, sondern wir müssen, soweit dies möglich ist, Unsterbliches denken und alles tun, um nach dem zu leben, was in uns das Höchste (Beste) ist"; ἐφ' ὅσον ἐνδέχεται ἀθανατίζειν καὶ πάντα ποιεῖν πρὸς τὸ ζῆν κατὰ τὸ κράτιστον τῶν ἐν αὐτῷ³⁹. So erweist sich gerade das Übermenschlich-Göttliche als das im eigentlichen Sinne Menschliche: Der Mensch ist nur dann Mensch, wenn er die göttliche Möglichkeit seines Wesens ergreift, um durch das Göttliche in ihm ganz er selbst zu werden. Der Imperativ zum ἀθανατίζειν verweist das in Zeit verflochtene Denken darauf, gerade die zeit-freie Struktur des Seienden *in* aller Veränderlichkeit zu sehen und durch diese hindurch deren Grund denkend zu berühren. Diesem Imperativ also zu folgen und dadurch den 'theos' als das reine, vollendet wirkliche Denken in der 'theoria' zu erkennen, daran hängt das Glück.

b) Wenn auch Aristoteles, sofern man sein Denken als ganzes im Blick hat, nicht einen unbedingten Vorrang des theoretischen Lebens (wie es scheinen könnte) vor dem praktischen intendiert, sondern eher dessen Vermittlung, so entspricht doch das Insistieren auf der Verbindung von 'theoria' und Glück einem *platonischen* Grundgedanken. Daß Glück aus dem Sehen oder Erkennen der Idee entspringt, die selbst unveränderliches Sein und zugleich Grund jeder Gestalt im Bereich der sich permanent verändernden 'genesis' ist, wird durch Platon von vielfältigen Aspekten her deutlich gemacht. Im Seelen-Mythos des 'Phaidros' zum Beispiel heißt es, daß die Seele auf der „Ebene der Wahrheit"⁴⁰, d. h. im Bereich des Intelligiblen, des eigentlichen, vom Werden freien und deshalb seienden Seins (τὸ ὂν ὄντως) und Göttlichen⁴¹ eine „leuchtende Schönheit" sieht, „als wir, Zeus folgend . . . in glücklichem Reigen ein beseligendes Gesicht und eine beseligende Schau sahen und eingeweiht wurden in die Weihe, die man die beglückendste nennen darf, die wir feierten rein und unbetroffen von dem Übel, das in späterer Zeit uns erwartete, reine und unverfälschte und unerschütterliche (unwandelbare) und glückliche Erscheinungen sahen wir bei der Weihe in reinem Glanz"⁴². Analoges sagt die Diotima-Rede des 'Symposion': das

---

[39] Ebd. b 31-34. Vgl. Platon, Tim. 90 c 1: φρονεῖν ἀθάνατα καὶ θεῖα.
[40] 248 b 6.
[41] 249 c 4; d 1.
[42] 250 b 5ff. Phaed. 111 a 3: θέαμα εὐδαιμόνων θεατῶν. Mysterien-Terminologie auch 249 c 7. Symp. 210 a 1.

Schöne steht dort als Paradigma der Idee, des Seins also, das frei ist von jeder Relativität, die ein partielles Nicht-Sein in es brächte; identisch mit sich ist es nur es selbst, Grund jedoch der Teilhabe des „Anderen" an ihm. Erreichbar ist es im methodisch strengen Durchgehen der „Stufen", d. h. der Wissens- und Seinsbereiche, die „vor" ihm sind; Dialektik als eine solche Vermittlung der Bereiche, bewegt vom Eros als dem Impuls und der Kunst des Fragens und Wissen-Wollens, ist damit als die Voraussetzung der Einsicht zu denken. Diese aber ereignet sich im „Augenblick": „plötzlich sieht der Geist ein seiner Natur nach wunderbares Schönes" [43]. Dieser Zustand des Lebens, in dem das Denken bei dem Sein als dem eigentlichen Gegenstand des Wissens (ἀεὶ ὄν, ὃ ἔστι καλόν) und des Wissenswerten anlangt[44], ist für den Menschen, wenn irgendeiner überhaupt, „lebenswert", dies aber heißt: es ist glückliches Leben, in dem er das „göttlich Schöne", „das Schöne selbst", „klar, rein, unvermischt" als Identisches und „Eingestaltiges" sieht oder betrachtet[45]. Im Grunde gilt dies für das Erkennen der Idee überhaupt, nicht nur der des Schönen[46]. Wenn das Gute selbst als das „Glücklichste des Seins" (τὸ εὐδαιμονέστατον τοῦ ὄντος) und das Göttliche überhaupt als das „Glückseligste" gedacht wird[47], dann muß auch die Anähnlichung des Menschen an Gott[48] als eine Einübung in das glückliche Leben verstanden werden. Der Modus, in dem dies geschieht, ist nicht reine Intellektualität, sondern eine von der Idee durchdrungene und bestimmte Praxis: δίκαιον καὶ ὅσιον μετὰ φρονήσεως γενέσθαι[49]. Erkenntnis in einem nicht nur formalen Sinn käme ohne diese Bedingung nicht zustande oder sie destruierte sich selbst zu bloßem „Geschwätz"[50].
c) Die Meinung Willy Theilers, „dem denkerischen Überschwang *Plotins* liege (im Gegensatz zu Augustinus und Porphyrios) die Glückseligkeitsproblematik fern"[51], mag mit Gründen bezweifelt werden. Plotins

---

[43] 210 e 4ff. 211 e 1.
[44] 211 c 7. Im τελευτῆσαι klingt der Mysterien-Terminus τελετή an.
[45] 211 a 2ff; b 1.
[46] Daß 'Erkennen' mit 'Sehen' identisch gedacht ist, wird insbesondere durch das Sonnengleichnis und Höhlengleichnis der 'Politeia' verdeutlicht, in denen die Idee des Guten der höchste Gegenstand des Wissens ist, von dem her die übrigen Ideen sich bestimmen. Zur Metaphorik des Sehens der Idee vgl. noch Resp. 511 a 1. 516 a 5. 517 c 1. 518 c 9f. 519 d 2.
[47] Ebd. 526 e 3f. Theaet. 176 e 3.
[48] Ebd. 175 cff.
[49] 176 b 2f.
[50] Menexenus 246 e 7ff. Symp. 211 e 3.
[51] Forschungen zum Neuplatonismus, Berlin 1966, 168.

Aussagen zu dieser Thematik in den ihr eigens gewidmeten Schriften (I 4 und 5) sind nicht als Schulroutine abzutun, vielmehr machen sie mit anderen Aspekten seines Denkens zusammen evident, daß das reflektierende Sehen des Geistes oder der zeitfreien Dimension des Intelligiblen und das von Differenz frei werdende Sehen des Grundes oder Ursprungs, des Einen selbst, in die Transformation oder Einung mit beiden führend, als die Erfüllung des menschlichen Seins schlechthin und damit auch, wenn überhaupt, als das glückliche Leben zu denken ist[52]. Eindeutig und mit einer an die stoische 'Ataraxia' gemahnenden Rigorosität sieht Plotin das Glück nicht bestritten durch Unglück, das die leiblichen oder zeitlich-geschichtlichen Elemente unseres Seins trifft: durch Schmerz, Krankheit, Armut, Schande und Tod von Verwandten und Freunden. Für Plotin kann dies allerdings nicht als eine zum Trost intendierte, aber realitätsferne und daher nutzlose Umbenennung landläufiger Meinungen fungieren. Seine Konzeption entspringt vielmehr der von ihm immer wieder begründeten Überzeugung, daß es Ziel des Menschen sein müsse, das Eine als das Prinzip von Sein insgesamt und den Geist als die höchste Form von Einheit in der Vielheit oder Differenz zu denken, zu „sehen" (ἀρχὴν ὁρᾶν[53]), sich mit ihm nicht-denkend zu einen, *weil* dieses Eine *in sich* das „Beste" (das Gute schlechthin), oder als „Über-Sein" die höchste Wirklichkeit ist. Nur von ihm her ist eine analoge Wirklichkeit des Mensch-Seins möglich und denkbar. Man könnte den Sachverhalt von Plotin her geradezu syllogistisch formulieren: Glücklich-Sein beruht im Besitz des wahren Gutes[54]; das Eine selbst ist das wahre Gut oder das Gute schlechthin; wer also das Eine hat, ist glücklich. Der Modus des Habens aber ist: ungegenständliches, nicht-objektivierendes Sehen oder ein Übergehen des Sehens in dessen Gegenstand[55]. (Die Voraussetzungen dieses Zustandes oder der dialektische Weg zu ihm sind später in Analogie zur augustinischen '*reditio in se ipsum*' zu erörtern.) Ein Grundgedanke der Enneade I 4 „Über Glückseligkeit" ergänzt den genannten Syllogismus in der Dimension des Geistes: Glücklich-Sein kommt allein der höchsten Intensität von Leben, dem „vollkommenen Leben" zu, welches das „Beste" im Seien-

---

[52] Zum Problemkreis im Ganzen vgl. W. Himmerich, Eudaimonia, Würzburg 1959. J. M. Rist, Plotinus: The road to reality, Cambridge 1967, 139ff.
[53] VI 9, 11, 32.
[54] I 4, 6, 4f: ἐν τῇ τοῦ ἀληθινοῦ ἀγαθοῦ κτήσει τοῦτό ἐστι κείμενον (τὸ εὐδαιμονεῖν). Vgl. hierzu die S. 25ff diskutierte Formel Augustins: Deum qui habet, beatus est.
[55] VI 9, 3, 23ff. 11,22f.

den ist⁵⁶. Der Grund oder Ursprung, von dem abhängend alles Seiende nur ein Abbild seines Lebens ist, ist selbst „erstes und vollkommenstes Leben." „Wenn also der Mensch vollkommenes Leben zu haben imstande ist, so ist auch der Mensch glücklich, wenn er dieses Leben hat"⁵⁷, „wenn die Seele vom Leben des Seins erfüllt ist" ⁵⁸. Weil Plotin hier vom „Besten im *Seienden*" spricht und das vollkomme Leben „der denkenden Natur"⁵⁹, d. h. dem zeit-freien Geist zuordnet, der primär ansonsten als wahres Leben (ἡ ὄντως ζωή⁶⁰) *durch* Reflexion seiner selbst bestimmt ist, weil ferner auch die Dimension des Intelligiblen als 'Prinzip' (ἀρχή) zu verstehen ist, andererseits aber Plotin das Eine als *Quelle* des Lebens nur mit Vorsicht selbst als Leben bezeichnet (οἷον ζωή⁶¹), ist in diesem Kontext *nicht unmittelbar* das *Eine* als Grund des Glücks genannt. Der Gedanke steht vielmehr in der Wirkungsgeschichte der aristotelischen Theologik, gemäß der die Wirklichkeit des sich denkenden Geistes im höchsten Sinne Leben *ist*⁶². Die plotinische Umformung der geläufigen Identifikation von „gut leben" (εὖ ζῆν) und Glücklich-Sein (εὐδαιμονεῖν⁶³) in das Leben gemäß dem Geist oder in die λογικὴ ζωή intendiert indes nicht eine Fixierung der nach innen sich bewegenden Reflexion auf den 'nus'. Im Rückgang des Denkens in sich selbst übersteigt es sich vielmehr selbst in seinen eigenen Grund, das Eine, welches das eigentliche Telos ist: τὸ ἀληθῶς ζῆν ἐνταῦθα, „das wahre Leben ist dort"⁶⁴ – in jenem Zustand also, in dem der Mensch durch die Transzendenzbewegung, durch die ihn „einfach" machende Selbstdurchlichtung des Denkens, Seher oder „Betrachter des Ursprungs und des Einen" (des Einen *als* Ursprungs) geworden ist: ἀρχῆς καὶ ἑνὸς θεατής⁶⁵. Letztlich ist also doch das „Sehen" des Einen oder das Eins-Werden mit ihm durch das Medium des Geist-Werdens hindurch die Bedingung eines geglückten, beseligenden Lebens. ἀρχῆς καὶ ἑνὸς θεατής – darin formuliert Plotin die Spitze der Möglichkeit des

---

⁵⁶ I 4, 3, 25ff.
⁵⁷ Ebd. 3, 39f. 4, 1f.
⁵⁸ VI 7, 31, 32.
⁵⁹ I 4, 3, 33f.
⁶⁰ VI 7, 18, 21.
⁶¹ VI 8, 7, 51.
⁶² Met. 1072 b 26f: ἡ γὰρ νοῦ ἐνέργεια ζωή.
⁶³ I 4, 1, 1.
⁶⁴ VI 9, 9, 15f.
⁶⁵ VI 9, 3, 22. Dies als Grund des Glücks: ἧς (sc. τῆς ἀρίστης θέας) ὁ μὲν τυχὼν μακάριος ὄψιν μακαρίαν τεθεαμένος· (Plat. Phaedr. 250 b 6) ἀτυχὴς δὲ οὗτος ὁ μὴ τυχὼν (I 6, 7, 33f). – Zur weiteren Entfaltung dieses Gedankens bei Plotin vgl. unten S. 39.

menschlichen Seins, ein Ziel, das jeder will, wenn er „zu sich selbst erwacht"[66].

III

In derjenigen Schrift Ciceros, die in Analogie zum aristotelischen *'Protreptikos'* offensichtlich eine von Augustinus als glühend empfundene exhortatio zum Philosophieren enthielt und so für Augustins spätere Konversion zum Christentum einen entscheidenden Anfang setzte[67] – in Ciceros *'Hortensius'* – stand der Satz: „Beati certe omnes esse volumus"[68]. Er kehrt auch bei Augustinus wie ein unbezweifelbares Axiom immer wieder[69]. Unbezweifelbar und unstritig ist er aufgrund seiner abstrakten Allgemeinheit: er verweist auf einen allgemeinen Besitz (*communis possessio*), auf ein im Wesen des Menschen gründendes Bedürfnis, auf ein naturhaftes Verlangen des Menschen nach Erfüllung, das den Zustand der begrenzenden Unerfülltheit oder Endlichkeit aufzuheben versucht. Ähnlich zeigt das Axiom: „Alle Menschen streben von Natur aus nach Wissen" am Anfang der aristotelischen 'Metaphysik' an, daß zum Menschen ein Impetus des Fragens und Denkens gehört, der die eigene Unwissenheit erkennt und insofern über sie ins Wissen hinaustreibt, als er nicht nur das „Daß" akzeptiert,

---

[66] IV 8, 1, 1. – Die Überlegungen zu Aristoteles, Platon und Plotin sind nicht so sehr als Ansatzpunkte für eine *historische* „Ableitung" von Augustins Konzeption des Glücks gedacht, sie sollen vielmehr dessen Bezug zu einer bestimmten philosophischen Denkstruktur *typologisch* evident machen. Gleichwohl bin ich der Ansicht, daß Augustinus besonders Plotin *und* Porphyrios – auch im Sinne einer historischen „Quelle" – verpflichtet ist. Vgl. hierzu in dem Streit um die 'Libri Platonicorum' die einleuchtenden – vermittelnden – Argumente J. J. O'Mearas: The Young Augustine, London-New York 1980[2], 143ff. Ders., Augustine and Neo-Platonism, Rech. Aug. 1, 1958, 91-111.

[67] Ille vero liber mutavit affectum meum et ad te ipsum, Domine, mutavit preces meas et vota ac desideria mea fecit alia: Conf. III 4,7.

[68] Trin. XIII 4, 7. Beata vita II 10. Zur Bedeutung des 'Hortensius' für Augustinus vgl. aus der vielfältigen Literatur: J. J. O'Meara, The Young Augustine, 57ff. 186ff. M. Testard, Saint Augustin et Cicéron, Paris 1958, I 19ff. R. P. Russell, Cicero's Hortensius and the problem of riches in Saint Augustine, in: Augustinian Studies, 7, 1976, 59-68.

[69] Vgl. z. B. Op. imp. contra Jul. VI 12, 26. Acad. I 2, 5. Mor. Eccl. III 4. Conf. X 21, 31. Sermo 306, 4, 4. 10, 9. Trin. XIII 20, 25. Zum Problemkreis im ganzen siehe É. Gilson, Introduction à l'Étude de Saint Augustin, Paris 1949[3], 1ff. R. Holte, Béatitude et sagesse, Paris 1962. Ders., Artikel 'Glück' im Reallexikon für Antike und Christentum Bd. 11, 1979, 264-68. – Augustins Rezeption der 'Seligpreisungen' des Evangeliums thematisiert A. Becker: L'appel des béatitudes, Paris-Fribourg 1977.

sondern nach dem „Was-Etwas-ist" und „Warum-Etwas-so-ist" fragt. Wie die Intention nach Wissen, so entspricht auch das Streben nach Glück einer unbezweifelbaren und unstrittigen Struktur menschlicher Existenz; eminent strittig aber ist die Frage nach dem Weg ins Glück, strittig ebenso der Grund oder die Ursache des Glücks – das Beglükkende selbst also – nicht minder die Frage, wie man es behalten könne, ob es unbedingt brüchig und flüchtig sein müsse oder auch einmal unverändert dauere[70].

Aus seinem eigenen geschichtlichen Kontext heraus hat Augustinus es zu Recht als die Grundintention der antiken Philosophie angesehen, das Glück begrifflich zu fassen, Vorschläge auszuarbeiten und Normen aufzustellen für die Methode, wie es erreichbar sein könne. Dies erscheint als die nahezu einzige Motivation zum Philosophieren[71]: das Ziel (τέλος, *finis*) von Sein und Handeln des Menschen in der *vita beata* zu ergründen und einsichtig zu machen.

Man mag erschrecken über die Konfusion der Philosophen in der Frage nach dem „höchsten Gut" (*summum bonum, finis boni*) oder es absurd finden, wenn Varro nach der Auskunft Augustins 288 mögliche Philosophenschulen konstruierte, die sich in der Bestimmung des höchsten Gutes und damit auch des Glücks mehr oder weniger unterschieden[72]. Historisch waren die Differenzen ohnehin auf einige Grundtypen reduziert – den epikureischen, stoischen, akademischen, den platonischen, aristotelischen und neuplatonischen – die sich nicht durchweg kontradiktorisch ausschlossen. Im Vollzug des Philosophierens ist zudem die Entscheidung für *eine* Form, die durchaus in sich komplex sein mag, gefordert. So verfährt auch Augustinus, indem er in einer Selbstunterscheidung von den Philosophen die Hoffnung auf Erfüllung, die der Christ jetzt schon hat, und die wahre Glückseligkeit (*vera beatitudo*), die ihm zugesagt ist, als *einen* dialektischen Gedanken zu explizieren versucht. Diese Explikation bleibt einerseits im Horizont der Philosophie, andererseits entzieht sie sich ihm, indem sie bestimmte Elemente des philosophischen Gedankens umformt oder sie in eine neue Dimension überführt, die nicht mehr ausschließlich durch die Vernunft

---

[70] Sermo 306, 3, 3: Beata ergo vita omnium est communis possessio, sed qua veniatur ad eam, qua tendatur, quo itinere tento perveniatur, inde controversia est. Vgl. Seneca, de vita beata I 1: vivere ... omnes beate volunt, sed ad pervidendum, quid sit quod beatam vitam efficiat, caligant.

[71] Civ. Dei VIII 3: ... propter quam unam (scil. beatam vitam) omnium philosophorum invigilasse ac laborasse videtur industria. XIX 1: Nulla est homini causa philosphandi nisi ut beatus sit. – Cicero, de finibus V 39.

[72] Civ. Dei XIX 1.

(*ratio*) bestimmt ist. Gemeinsam mit der philosophischen Konzeption ist Augustins Frage nach dem glücklichen Leben, daß sie eine *Grundfrage* seines Denkens ist. Gemeinsam ist beiden auch der Modus der Verwirklichung glücklichen Lebens: daß es im Erkennen, Wissen, Sehen, Betrachten und Lieben erreicht und behalten wird – in der θεωρία also, die sich nicht in sich isoliert, sondern zum Maß vernünftigen, der *religio* entsprechenden Handelns wird (analog der theorie-geleiteten *virtus*). Gemeinsam ist ihnen weiterhin die Orientierung der *vita beata* an einem unveränderlichen, zeitfreien Sein, das mit Idee, Wahrheit schlechthin, Weisheit oder Gott identisch gedacht wird. Dem entspricht die gemeinsam angenommene, freilich inhaltlich zu unterschiedenen Zielen führende ontologische Voraussetzung, gemäß der der Mensch in Zeit mit der ihm transzendenten Idee, Wahrheit, Weisheit oder Gott verbunden *ist*; seine Aufgabe ist es, sich dieser Voraussetzung durch *reditio in se ipsum* und *transcensus sui ipsius* bewußt zu werden. Die Funktion des neuplatonischen Einen oder des Geistes in uns nimmt Augustinus in dem Gedanken des *homo interior* auf, der aus einer apriorischen Verfaßtheit heraus einen Erweis in-sich-seienden göttlichen Seins zu erbringen imstande ist. Mit dem philosophischen Weg zur *beatitudo* bleibt Augustinus nicht zuletzt auch darin verbunden, daß er die Unsterblichkeit für die Voraussetzung glücklichen Lebens hält – gemäß der christlichen Lehre für Unsterblichkeit freilich nicht nur der Seele, sondern auch des Leibes.

Neben den schon angedeuteten Differenzen Augustins zur Philosophie ist vor allem diese grundlegend: entscheidend verwandelt werden die philosophische Konzeption von Glück und der Modus, zu ihm zu gelangen, dadurch, daß sie in allen ihren Elementen von der Inkarnation Christi bestimmt sind. Damit bekommt auch der Begriff von Idee, Wahrheit, Weisheit und Sehen eine andere Valenz, allerdings ohne sich von philosophischen Implikationen und Voraussetzungen der Sache nach völlig befreien zu können. In einer Analyse der philosophischen Voraussetzungen des augustinischen Denkens kann deshalb von zahlreichen Aspekten her gezeigt werden, daß Augustins Formulierung der Andersheit seines eigenen Ansatzes nicht durchweg dem gedachten Sachverhalt entspricht. Der Haupteinwand, durch den Augustinus seine Differenz zu den Philosophen markiert, trifft deren '*superbia*'. In ihr befangen „machen sie, wie es einem jeden beliebt, ihre glücklichen Leben", als ob sie dies „von sich selbst her" (*a seipsis*) oder aus „eigener Kraft" (*propria virtute*) zu leisten vermöchten[73]. Der imputierten

[73] Trin. XIII 7, 10. Civ. Dei XIX 4.

Selbstgerechtigkeit der philosophischen *ratiocinatio* gegenüber steht die Überzeugung, wahrhaft glückliches Leben sei nur möglich durch Zustimmung zur *auctoritas Christi,* die sich zugleich dessen gnadenhafter Zuwendung öffnet. Plotins Imperativ zum Beispiel: „Fugiendum est igitur ad carissimam patriam, et ibi pater, et ibi omnia. Quae igitur, inquit, classis aut fuga? Similem Deo fieri"[74] widerspricht freilich nicht dem augustinischen Weg zum glücklichen Leben, aber er ist von sich selbst her nicht zureichend; „zu unserer Reinigung und Befreiung", die auch Plotin intendiert, bedarf es vielmehr des Mediator Christus als der „göttlichen Hilfe" (*divinum adiutorium*)[75]. Dieser aber ist der einzige Weg, auf dem auch das von den Philosophen ersehnte Ziel zu erreichen ist[76]. Sich selbst bezichtigt Augustinus in der kritischen Rückschau auf sein frühes Werk 'De beata vita' eines zu geringen Vorbehalts gegenüber dem philosophischen Begriff von Glück. Dies könnte den eschatologischen Aspekt verdecken: daß nämlich glückliches Leben nicht in dieser Zeit vorfindlich und zu erreichen, sondern nur als *futura vita* zu erhoffen ist[77].

Mit der ungefähren Anzeige von Augustins eigenem Begriff des glücklichen Lebens im Kontext der philosophischen Voraussetzungen und Kontraste habe ich den folgenden Erörterungen vorausgegriffen. Diese sollen wesentliche inhaltliche Elemente von Augustins Konzeption der *vita beata* oder *beatitudo* vorstellen. Dadurch erst können die Behauptungen über Bezug und Differenz augustinischen Denkens zur Philosophie vollends legitim erscheinen.

1. Augustins Bestimmung des glücklichen Lebens ist zunächst von ihrem Gegensatz her zu sehen: dem glücklosen, an ihm selbst unseligen Leben in „dieser Welt". Zwar denkt Augustinus Welt als eine aus dem Sein der göttlichen Ideen geschaffene[78] und versteht sie von daher auch als Bild des Urbildes, das, sofern es *ist,* gut ist und als sinnlich zugängliches auf seinen intelligiblen Grund verweist. Dennoch ist im Bild die

---

[74] Civ. Dei IX 17. Zitat aus Plotin I 6, 8, 16ff.
[75] Ebd. und Sermo 306, 10, 10. 150, 8, 10: Christus als *via* zur *beatitudo, per illum.* Mor. Eccl. VII 12. Zur Interpretation des programmatischen Satzes, der Augustins Absicht der Differenzierung gegenüber der Philosophie deutlich machen will: Scientia ergo nostra Christus est, sapientia quoque nostra idem Christus est (Trin. XIII 19, 24) vgl. G. Madec in Recherches Augustiniennes 10, 1975, 77-85.
[76] Retr. I. 2. Diese Kritik könnte auch auf c. Acad. II 1,1 zutreffen: nullam beatam vitam, nisi qua in philosophia viveretur.
[77] Vgl. meine Überlegungen zu „Creatio als Setzen von Differenz (Augustinus)", in: Identität und Differenz, Frankfurt 1980, 75ff.
[78] En. in Psalm. 143, 11. Ebd. 83, 10. Trin. IV prooem.

Unähnlichkeit mitgesetzt, die gerade im menschlichen Bewußtsein der Endlichkeit und Begrenztheit durchschlagen kann, freilich um erkannt und soweit als möglich in der Bewegung des Sich-mit-Gott-Verähnlichens aufgehoben zu werden.

Nicht in selbstgefälliger oder in Schwermut verliebter Larmoyanz beschreibt Augustinus die Situation des Menschen als 'vanitas': als leeren, vergänglichen, von Täuschung und Angst bestimmten Schein. Für diese Situation – den „Tag der Bedrängnis", 'dies tribulationis' – treffen im Sinne Augustins die Metaphern „Schatten", „Nacht", „Tal der Tränen" oder „Schmerz des Wandernden in der Fremde" (dolor peregrinationis) genau, freilich nicht, um einen *unüberbrückbaren* Gegensatz zu dem anzuzeigen, was ihr eigenes positives Korrelat meint: „nie schwindende, unwandelbare Wahrheit" Gottes, deren Selbstaussage im „Ich bin der Ich bin" sich selbst als zeitfreies, reines und wahres „Sein" evident macht[79], „Licht", „Freude", „Ruhe" oder „Heimat". Die *regio dissimilitudinis*[80] nämlich, sofern und sobald sie als solche erkannt ist, provoziert durchaus ihre eigene Überwindung zur *similitudo* oder Einheit hin, die zugleich *regio beatitudinis* ist.

Analog dem Gedanken Plotins, daß der Mensch auch im Bereich der Andersheit nicht von seinem Ursprung „abgeschnitten" ist (οὐδὲ νῦν ἀποτετμήμεθα[81]) und daß er wie ein vom Vater getrenntes Kind diesen aufgrund seiner συγγένεια nicht gänzlich vergessen hat oder daß er als metaphorischer Odysseus zur intelligiblen Heimat, zum Einen hin strebt[82], sagt Augustinus, daß wir auch im Abirren von der „unwandelbaren Freude" nicht von ihr „abgeschnitten und abgerissen" (*praecisi atque abrupti*) sind; damit wir aber in der Zeitlichkeit und Veränderlichkeit das Ewige, die Wahrheit und das Glück suchen, sind uns Zeichen gesetzt, die unserer *peregrinatio* angemessen sind. Deren klarstes und wirksamstes ist die Inkarnation Christi. Sie allein ist der Grund und die Ermöglichung, nach dem wahren glücklichen Leben überhaupt zu suchen – *Deus egit nobiscum*[83]. Zugleich bürgt sie für die Hoffnung, daß das Glück sich auch realisiere (*nunc in spe – tunc in re*). Der grundsätzlichen Armut (*egestas*) des Menschen steht die Fülle (*plenitudo*) des Seins

---

[79] En. in Psalm. 143, 11. Zur Interpretation von Exodus 3, 14 (Ego sum qui sum) durch Augustinus vgl. W. Beierwaltes, Platonismus und Idealismus, Frankfurt 1972, 26ff.
[80] Conf. VII 10, 16.
[81] Plot. VI 4, 14, 16ff. Vgl. auch I 7, 1, 25-28.
[82] V 1, 1, 9f. 30ff. I 6, 8, 16ff.
[83] Trin. IV 1, 2.

und des Sinnes gegenüber[84], auf die hin im Grunde – verborgen – jede Aktivität des Menschen gerichtet ist und – offen, bewußt – gerichtet sein *sollte*. In ihr hat der Mensch, was er will. Wenn dies eine zureichende Bestimmung des Glücks sein soll, dann ist freilich das, *was* der Mensch will und hat, nicht in einer so unbestimmten Allgemeinheit zu belassen, wie sie der Satz suggeriert: „omnis, qui quod vult habet, beatus est"[85]. Was ist dies, was er haben will, um glücklich zu sein? Aus Augustins Denkintention, so wie sie bisher schon sich zeigte, ist ohnehin klar, daß es kein zeitliches, endliches, zufälliges Besitztum sein kann, obgleich der Mensch immer wieder meint, in eben diesem und vielleicht nur in diesem sein großes Glück zu finden: „Geld zu haben, eine zahlreiche Familie, unbescholtene Söhne, schmucke Töchter, volle Vorratsräume, Vieh in Fülle, keinen Einsturz – nicht der Mauer aber auch nicht des Zaunes – keinen Tumult und Krach auf den Straßen, sondern Ruhe, Friede, Überfluß und Fülle in den Häusern und in den Staaten"[86]. Das Aufgezählte, das an Psalmenverse anknüpft, aber ebensosehr dem schwer leugbaren und in gewisser Hinsicht verständlichen Willen von Zeitgenossen entspricht, mag „Glück" bringen, aber ein „linkes". „Quid est, sinistra? Temporalis, mortalis, corporalis"[87]. Dies aber ist genau von der Art, daß es ständig von der Angst begleitet ist, man könne es wieder verlieren[88].

2. Dem Inhalt des vermeintlichen, scheinhaften Glücks und dem indifferenten „Glücklich ist, der hat, was er will", steht Augustins These emphatisch gegenüber: „*Deum qui habet, beatus est*"[89]. Vom höchsten Sein und Gedanken als Inhalt (*Deus*), aber auch vom Modus her, wie dieser Inhalt dem Menschen gegenwärtig wird und bleibt (*comparare, habere*), schließt diese These all diejenigen Momente in sich, die den Ermöglichungsgrund von Glück differenzieren. Um diese Momente zu analysieren und so die Fülle der These deutlich zu machen, sollten eigentlich die Grundzüge von Augustins Gotteslehre dargestellt werden. Hier indes muß es bei einem Hinweis auf diejenigen Aspekte bleiben,

---

[84] Zu egestas – plenitudo: beata vita 28ff. Über die problemgeschichtliche Implikation dieses Gedankens vgl. W. Theiler, Forschungen zum Neuplatonismus, 192.

[85] Beata vita 10. Trin. XIII 5, 8.

[86] En. in Psalm. 89, 9. 143, 18.

[87] Ebd.

[88] Beata vita 11.

[89] Ebd. Lib. arb. II 16, 41: Beata vita animae Deus est. Ebd. 13, 36: Beatus est quippe qui fruitur summo bono. Trin. VI 5, 7: Nos autem ex ipso et per ipsum et in ipso beati. Solil. I 1, 3. Sermo 56, 44.

die Augustinus selbst im Zusammenhang seiner Bestimmung von Glück heraushebt.

Wenn jemand also „Gott hat", dann hat er ein der Zeit und dem Raum enthobenes, unwandelbares, ewiges Sein, das *„Sein selbst"* – daher die Bestimmung: glücklich leben sei nichts anderes als „etwas *Ewiges* im (durch) Erkennen zu haben", an dem unwandelbar Guten oder höchsten Gut teilzuhaben, die unerschütterbare und unwandelbare Wahrheit zu „genießen"[90]. „Etwas Ewiges" hat das Erkennen freilich schon in der Idee als dem Grund des zeithaften Einzel-Seienden; in Gott als dem unwandelbaren Sein aber hat das Erkennen den denkenden Grund, den creativen Ort der Ideen selbst[91]. Weg und Ziel der Intention auf glückliches Leben hin ist also die Reflexion auf die sich im Denken ihrer selbst als unwandelbare Einheit vollziehende Weisheit (*sapientia*) oder Wahrheit (*veritas*) Gottes. Von daher zeigt sich als weitere Differenzierung der These: „Deum qui habet, beatus est": Wenn jemand „Gott hat", dann hat er die *Wahrheit* oder Weisheit selbst. Augustinus formuliert diesen Gedanken prägnant: „Glückliches Leben ist Freude über die Wahrheit. Dies aber ist Freude über Dich, der Du die Wahrheit bist, Gott, meine Erleuchtung, Heil meines Angesichts, mein Gott." Oder: „Sola veritas facit beatos, ex qua vera sunt omnia"[92]. Nicht die Evidenz irgendeiner kontingenten Wahrheit, die mit anderen Wahrheiten zusammen etwa den Kontext einer Theorie bildet, ist Grund glücklichen Lebens, sondern die absolute Wahrheit, *veritas ipsa*. Diese ist bestimmende „Form" alles einzelnen Wahren, universaler Grund für das Wahr-Sein des in der creatio Gesetzten; ebensosehr ist sie als höchste '*similitudo*' die „Form alles Ähnlichen": Grund und Ursprung dafür, daß Seiendes untereinander und zu seinem Ursprung hin

---

[90] Div. Quaest. LXXXIII 35, 2: quid est aliud beate vivere, nisi aeternum aliquid cognoscendo habere? (Vgl. Cicero, Rep. I 17, 28: sempiternum et divinum animo volutare). Aug. Beata vita 11 (quod semper manet). Ep. 140, 23, 56. 31, 74: participatio incommutabilis boni. Lib. arb. II 13, 35: frui inconcussa et incommutabili veritate.

[91] Lib. arb. II 11, 30. Div. quaest. LXXXIII 46, 2. Civ. Dei XII 19. Gen. ad litt. IV 4, 10. 6, 12f.

[92] Conf. X 23, 33: Beata quippe vita est gaudium de veritate. Hoc est enim gaudium de te, qui veritas es, deus, inluminatio mea, salus faciei meae, deus meus. Hanc vitam beatam omnes volunt, hanc vitam, quae sola beata est, omnes volunt, gaudium de veritate omnes volunt. De Agone christiano 33, 25. En. in Psalm. 4, 3. Sermo 151, 8, 10. 307, 10. – Zum philosophischen Kontext vgl. Seneca, De vita beata 4, 5: ex cognitione veri gaudium grande et immotum. 5, 2: Beatus enim dici nemo potest extra veritatem proiectus.

ähnlich ist. Weil aber Wahrheit im absoluten Sinne die „höchste Ähnlichkeit" des Prinzips mit sich selbst ist, höchste Übereinstimmung oder absolute Selbstübereinkunft, deshalb kann sie als die ohne irgendeine Unähnlichkeit, also Einheit in höchster Intensität seiende und zugleich gestaltende „Form" von allem, was ist, gedacht werden[93]. Absolute Wahrheit ist identisch mit dem zuvor genannten Unveränderlichen, dem „Sein selbst" (*ipsum esse*). „Sein selbst" also *ist* die Wahrheit (Gottes) selbst. „Sein selbst" aber ist im Sinne von Augustins Auslegung des „Ego sum qui sum" als die Wesensaussage Gottes über sich selbst zu begreifen. „Sein" ist demnach unwandelbar·es selbst – im Gegensatz zu einer defizienten Form von Sein, das als welthaft-Geschaffenes von sich her nicht in vollem Sinne es selbst ist und dies auch nie sein kann; es ist höchstes Sein (*summe* oder *maxime esse*), dies jedoch nicht als das Höchste innerhalb derselben Dimension, sondern vielmehr höchste Intensität an Einheit als Grund des Vielen; es ist „echtes" Sein, weil es nicht-ableitbar in sich selbst gründet (*germanum esse*), wahres oder eigentliches Sein, weil es immer sich selbst gleich bleibt und sich als solches bewahrt (*verum esse*), oder aber einfaches oder reines Sein, weil es ohne Differenz in sich und daher nur es selbst ist (*simplex* oder *sincerum esse*[94]). Alle diese Aspekte des *einen* göttlichen Seins sind mitgemeint, wenn dies als die Wahrheit selbst gedacht wird: als höchste Selbstübereinkunft oder reine Selbstidentität. Die Prädikation 'Wahrheit' trifft in Gott sein „wahres" Sein, welches „Sein selbst" ist, seine unveränderliche, zeitfreie Gegenwart, das reine IST[95], zugleich aber sein Prinzip-Sein, das in seinem Sein-konstituierenden Akt gleichwohl in sich „bleibt". Das IST Gottes aber wird zum Maß und Impuls der Transzendenz-Bewegung des Menschen: „Cogita Deum, invenies est, ubi fuit et erit esse non possit. Ut ergo et tu sis, transcende tempus"[96].

Wenn jemand „Gott hat", dann hat er in der Wahrheit auch die *Weisheit*. Die mit Wahrheit und „Sein selbst" identische Weisheit aber ist Christus: *Verbum Patris, Dei sapientia*. Aufgrund der näheren Charakterisierung von Weisheit also ist für den, der Gott hat, – neben den spezifisch theologischen Momenten – das „höchste Maß" (*summus modus*) bestimmend geworden, ferner ist ihm – wiederum gesagt – der unwandelbare, aber dennoch creative Ort der Ideen im Denken gegenwär-

---

[93] Ver. rel. 39, 72. 43, 81.
[94] W. Beierwaltes, Platonismus und Idealismus, 33.
[95] in Joh. 38, 10f.
[96] Ebd. 10.

tig⁹⁷. Die Teilhabe daran oder deren Gegenwart im Erkennen aber ist der Grund des Glücks. Durch die Identifikationsreihe: „Sein selbst" – Wahrheit – Weisheit – *Christus* ist die philosophische Suche nach Wahrheit und Weisheit als den Konstituentien glücklichen Lebens theologisch eingeholt und vom Argumentationsziel her transformiert. Die philosophischen Konzepte des „Seins selbst", des wahren Seins oder der absoluten Wahrheit, der mit sich selbst übereinstimmenden zeitfreien Einheit des Geistes, des sich selbst *als* Geist in seinen Ideen reflektierenden Seins und des einfachhin, d. h. vor-reflexiven absoluten Einen selbst sind in die Funktion der Theologie genommen. Absolute Wahrheit und Weisheit oder „Sein selbst" sind zwar nicht ohne diese ihre philosophischen Implikationen zu denken, ihre geschichtlich-soteriologische Intention – nicht durch *ratio,* sondern durch *auctoritas* vermittelt und geboten – geht allerdings über diese hinaus und verändert ihren ursprünglichen Sinn.

Eine andere wesentliche Implikation des Satzes „Deum qui habet, beatus est" eröffnet mindestens ebenso deutlich wie Wahrheit und Weisheit⁹⁸ einen Blick auf die Struktur des Menschen, die der Qualität des gesuchten oder ersehnten Lebens entspricht: Wenn jemand „Gott hat", dann hat er *Unsterblichkeit*. Diese Aussage ist unter einem zweifachen Aspekt zu verstehen: Unsterblichkeit der Seele als Grundzug des in die Zeitlichkeit und Sterblichkeit verflochtenen Menschen *und* als Grundzug des zukünftigen – ewigen – Lebens, das einzig im wahren und erfüllten Sinne das glückliche ist. Augustinus denkt das Phänomen der Unsterblichkeit geradezu als eine Bedingung glücklichen Lebens, nicht minder kann im Sinne Augustins aus der reflektierten Tatsache der Unsterblichkeit der Seele und der durch *auctoritas* zugesagten Unsterblichkeit des Leibes ein zeitlos bleibendes, der zeithaften Geschichte transzendentes glückliches Leben hoffend angenommen werden. „Das glückliche Leben ist nicht ein Leben dieser Sterblichkeit; nicht wird es dies geben, wenn es nicht auch Unsterblichkeit gibt. Wenn sie dem

---

⁹⁷ Beata vita 33f. Lib. arb. II 11, 30. 12, 33. 19,52. Ord. I 11, 32. Retract. I 3,8: Selbstkritik (Augustinus nimmt auf Plato oder Platonici Bezug) der Identifikation von *mundus intelligibilis* und *sapientia*, deren reflexive Elemente freilich trotz verbaler Opposition nicht aufzuheben sind. Die Änderung der Terminologie (vocabulum [= mundus intelligibilis], quod ecclesiasticae consuetudini in re illa inusitatum est) verändert nicht unbedingt auch die Sache. – Plotin hatte das Sein des 'nus' gemäß der ihn bestimmenden Identität von Denken und Sein mit 'Weisheit' in einem absoluten Sinne gleichgesetzt. V 8, 4, 38: ἡ οὐσία αὐτὴ σοφία. Ebd. 46f: καὶ ἔστιν αὐτὴ (scil. σοφία) τὰ ὄντα, καὶ συνεγένετο („entstand zugleich") αὐτῇ, καὶ ἐν ἄμφω, καὶ ἡ οὐσία ἡ ἐκεῖ σοφία.
⁹⁸ was für den Menschen noch eingehender zu zeigen ist (vgl. unten 38).

Menschen in keiner Weise gegeben werden könnte, dann würde auch das Glück vergebens gesucht; denn ohne Unsterblichkeit kann es nicht bestehen"[99]. Das Streben nach Glück ist also identisch mit dem Willen zur Unsterblichkeit: „Cum ergo beati esse omnes homines velint, si vere volunt, profecto et esse immortales volunt"[100]. Ontologisch begründet ist die Intention auf ein zeitlos-dauerndes, unsterbliches glückliches Leben im Wesen der menschlichen Seele: sie ist – wie ich gleich noch deutlicher machen will – mit der absoluten Wahrheit, die absolutes Sein, Idee und Weisheit ist, verbunden, d. h. ihre zeit-immanente Erkenntnis-Bewegung vermag nur deshalb die ihr eigene Funktion zu erfüllen, weil sie in dem zeitüberlegenen Sein selbst (Wahrheit, Idee, Weisheit) gründet und sich dessen auch bewußt ist. Durch eben diese *seiende* Verbindung mit dem Sein *ist* sie unsterblich. Ein Argument Augustins, das die Unsterblichkeit der Seele aus diesem Gedankenkomplex heraus evident machen will, lautet so: Die Seele hat ihr eigenes Sein aus dem Sein im ersten und höchsten Sinne (*prima essentia; substantia, quae maxime ac primitus est*); als reine *essentia* oder *substantia* ist dieses Sein auch Wahrheit und Weisheit schlechthin; es hat, weil es im höchsten und intensivsten Maße *ist*, keinen Gegensatz (*contrarium*) zu sich selbst, d. h. es kann *als essentia* nicht *nicht* sein[101]. Grundlage von Augustins Argumentation ist also die Einheit von Sein und Wahr-Sein; von daher versucht Augustinus, die wesensmäßige, unauflösbare Verbundenheit der Seele mit dem ihr „überlegenen" Sein (*praestantior essentia*) zu erweisen: „Wenn die Seele von diesem (höchsten und uranfänglichen) Sein ihre Eigenschaft 'zu sein' hat . . . gibt es nichts, wodurch sie dies verlöre, da nichts zu dem Wesen ein Gegensatz ist, von dem sie ihre Eigenschaft hat; und deswegen hört sie nicht auf zu sein, . . . kann sie nicht untergehen"[102]. Aus dieser ontologischen Verbindung der Seele mit dem Sein

---

[99] Trin. XIII 7, 10: Sed non est mortalitatis huius haec vita, nec erit nisi quando et immortalitas erit. Quae si nullo modo dari homini posset, frustra etiam beatitudo quaereretur; quia sine immortalitate non potest esse. – Zum Problem der Unsterblichkeit im ganzen vgl. J. A. Mourant, Augustine on immortality, Villanova 1969.

[100] Ebd. 8, 11. Vgl. auch Sermo 306, 8, 7: tenemus certe non esse beatam, nisi vitam aeternam; immo non esse beatam, nisi vitam, quia si non aeterna et si non cum satietate perpetua, procul dubio nec beata nec vita. Sermo 150, 8, 10.

[101] Diese Denkstrukur wiederholt sich im „ontologischen Argument": daß Gott als das, im Vergleich zu dem Größeres nicht gedacht werden kann, also das „Sein selbst", nicht *nicht* sein kann.

[102] Immort. an. XII 19: Omnis enim essentia non ob aliud essentia est, nisi quia est. Esse autem non habet contrarium, nisi non esse: unde nihil est essentiae contrarium. Nullo modo igitur res ulla esse potest contraria illi substantiae, qua maxime ac primitus est.

oder der Idee ist auch ein anderes Argument Augustins für die Unsterblichkeit der Seele zu verstehen: Keine Seele entbehrt oder verläßt sich selbst; die Seele aber ist Leben; Leben lebt per definitionem. „Das Leben, welches das Sterbende (das, was stirbt) verläßt, verläßt sich selbst nicht, weil es selbst Seele ist [Seele als Beseelendes oder Belebendes ist vom Beseelten zu unterscheiden]; (also) stirbt die Seele nicht"[103]. Dieses Argumentationsmodell ist platonisch. Platon entwickelt im 'Phaidon' den dritten Unsterblichkeitsbeweis in unmittelbarem Kontext seiner Ideenlehre aus dem Begriff des Lebens. Der Wesenszug der Idee gilt auch für das Leben: mit sich selbst identisch kann sie ihren eigenen Gegensatz nicht in sich haben. Eine Grundbestimmung der Seele ist auch im Sinne Platons, daß sie dem, von dem sie Besitz ergreift, Leben bringt. Seele ist also Grund der Selbstbewegtheit eines Seienden. Gegensatz zu Leben aber ist der Tod. Ist die Seele wesentlich Leben, dann kann sie ihren Gegensatz, den Tod, nicht in sich aufnehmen. Das aber, was den Tod wesenhaft nicht in sich aufnimmt, ist das Nicht-Tote oder das Nicht-Tötbare: ἀ-θάνατος und ἀνώλεθρος. Wenn die Seele im Tod sich vom Körper löst, so *ver*-geht sie nicht, sondern *ent*-geht dem Tod. Ihr Leben aber ist ganz aus der denkenden Teilhabe an der Idee zu begreifen[104].

Die Unsterblichkeits-These ist deshalb für Augustinus von so entscheidender Bedeutung, weil an ihr der eschatologische Aspekt seines Begriffs von *beatitudo* hängt. Von dem philosophischen Konzept eines glücklichen Lebens unterscheidet sich Augustinus allerdings nicht so sehr durch die gemachte Voraussetzung (*immortalitas animae*), als vielmehr durch die Intensität des Gedankens, das wahre oder eigentliche glückliche Leben, seine endgültige Erfüllung liege in der Zukunft, die freilich zur zeit-losen Gegenwart wird: *Eschatologie des Glücks, beatitudo finalis*[105].

Ex qua si habet animus idipsum quod est (non enim aliunde hoc habere potest, qui ex se non habet, nisi ab illa re quae illo ipso est animo praestantior), nulla res est qua id amittat, quia nulla res ei rei est contraria qua id habet; et propterea esse non desinit ... Non igitur potest interire. X 17: Haec autem quae intelliguntur eodem modo sese habentia, cum ea intuetur animus, satis ostendit se illis esse coniunctum, miro quodam eodemque incorporali modo, scilicet non localiter. Lib. arb. III 5, 13: humana quippe anima naturaliter divinis ex quibus pendet connexa rationibus.

[103] Immort. an. IX 16.
[104] Phaedo 105 d ff. Zum Problem der Gegensätze: 103 a ff. Differenz von ὑπεκχωρεῖν (entgehen) und ἀπόλλυσθαι (vergehen): 103 d; auf die Seele angewandt: 106 e 5-7.
[105] Civ. Dei XIX 10.

Wie der Mensch Gott in „dieser Welt" nur im „Spiegel und Rätselbild" (*in speculo et aenigmate*) zu sehen imstande ist, jenseits von Zeit und Geschichte der „*civitas terrena*" aber – im „himmlischen Jerusalem" – von „Angesicht zu Angesicht" (*a facie in faciem*): so wie er *ist*, so ist ihm analoger Weise das glückliche Leben eigentlich und in Fülle nur jenseits der Grenze des leiblichen Todes erreichbar. „Jetzt" sind wir nur in tröstender Hoffnung glücklich (*spe beati*), „dann" aber in Wirklichkeit: „cuius (vitae beatae) etiam si nondum res, tamen spes eius nos hoc tempore consolatur"[106]. Diese transzendente und endgültige Lebensform – das „volle, sichere und ewige Glück"[107] – vollzieht sich im Gegensatz zum permanenten *desiderium* des „unruhigen Herzens", zum sich immer wieder selbst herausfordernden Suchen und Finden („sic quaeramus tamquam inventuri et sic inveniamus tamquam quaesituri"[108]) als Ruhe, Muße und unüberbietbarer Friede[109] Gottes selber. Ruhe oder Friede meint allerdings nicht Untätigkeit im geläufigen Sinne: das Ausruhen von den *desideria* (*finis desideriorum*) ist vielmehr zu verstehen als die höchste dem menschlichen Geiste zusammen mit dem spiritualisierten Körper[110] mögliche Intensität seines Seins. Es besteht im Sehen, in der *cognitio, contemplatio* oder *visio dei*[111], der absoluten Wahrheit. „Wir selbst werden der siebte Tag sein", „der wahrhaft größte Sabbat, der keinen Abend kennt." „Ibi vacabimus et videbimus, videbimus et amabimus, amabimus et laudabimus. Ecce quod erit in fine sine fine"[112].

Mindestens seit der Religionskritik Feuerbachs würde eine solche Konzeption, die die Erfüllung menschlichen Lebens, nicht nur in die Zukunft, sondern in das „Jenseits" verlegt, als eine Fiktion entlarvt, die angesichts des gegenwärtigen Unheils auf das erst kommende Glück

---

[106] Doct. christ. I 22, 20. Zum eschatologischen Aspekt vgl. Retr. I 2 (futura vita). Beata vita 19f. 35. Trin. XIII 7, 10 (spe beati). Conf. X 20, 29. Civ. Dei II 29. XIX 4. 10f. XXII 30. Sermo 151, 8, 10. 307, 8, 7. En. in Psalm. 92,1 (ante requiem). 143,9. Vgl. auch die Unterscheidung von 'secutio' und '*con*secutio' (= ipsa beatitas): Mor. Eccl. I 11, 18. I 6, 10: sequi – assequi.

[107] Civ. Dei XXII 30.

[108] Trin. IX. 1, 1.

[109] ... ubi nobis talis et tanta pax erit, qua melior et maior esse non possit: Civ. Dei XIX 10. II 29, 2.

[110] Civ. Dei XX 26. XXII 20f.

[111] Vgl. hierzu über den Modus des Gott-Habens unten S. 41. Zur Wirkungsgeschichte dieses Gedankens, der bei Cusanus sich mit dem Selbst-Sehen Gottes verbindet: W. Beierwaltes, Identität und Differenz, Frankfurt 1980, 144ff (über 'visio absoluta').

[112] Civ. Dei XXII 30 s. f.

*ver*tröstet: nicht nur der Begriff Gottes, sondern auch das vollendete Glück im absoluten Sehen würde lediglich als Projektion oder Hypostasierung eines Wunsches verstanden, dem Sein nur im Bewußtsein zukäme. Diese Denkform ist Augustinus freilich völlig fremd: Gott *ist wirklich* in sich selbst, ebensosehr ist er als *creator* und *mediator* vorlaufend wirksam auch in unserem Denken. Eine „psychoanalytische" Interpretation – und dieser Art ist die Feuerbachsche Religionskritik –, die das Ungedachte oder Unbewußte in Augustinus zu eruieren versuchte, entzöge sich Augustins Selbstverständnis und seinen Voraussetzungen. Der Gedanke liegt freilich nahe, daß es sinnvoll und nützlich sei, in einem 'age of anxiety'[113] Religion oder das kommende Glück als *medicina animi* zu verordnen. Die argumentativ begründete Überzeugung jedoch, daß der Gegenstand von Religion *und* Philosophie höchste Realität sei, ist in diesem Zeitalter im Vergleich zur Neuzeit zu stark, als daß man sie auf deren Kategorien restringieren dürfte.

3. Wenn Augustinus den Gedanken mit aller Entschiedenheit vertritt, das wahrhafte oder eigentliche glückliche Leben verwirkliche sich erst in der eschatologischen Zukunft einer *visio beatifica,* so heißt dies nicht, daß die 'spe beati' sich selbst lediglich als die auf die göttliche Gnade (passiv) Wartenden zu verstehen hätten. Zwar vermögen sie nicht „aus sich selbst" das ersehnte Ziel zu erzwingen, zu einem '*bene vivere*' aber als der notwendigen Vorbedingung eines '*beate vivere*'[114] sind sie gefordert. Diese Vorbedingung ist nicht moralistisch eingeengt zu fassen, sie meint vielmehr wesentlich den Denkhabitus des Menschen, der freilich für sinnvolles Handeln maßgebend wird: *Denken hat seine eigene Voraussetzung zu entdecken und damit aber auch die in ihm strukturell angelegte Möglichkeit, sich mit dem Grund der zukünftigen 'beata vita' auch „jetzt schon" denkend und erkennend zu verbinden oder an ihm zu partizipieren.* Anknüpfend an bereits Angedeutetes möchte ich nun am Leitfaden einiger wichtiger Texte[115] diesen Grundzug augustinischen Denkens in Erinnerung bringen.

---

[113] E. R. Dodds, Pagan and Christian in an Age of Anxiety, Cambridge 1965.
[114] Mor. Eccl. I 6, 10.
[115] Vgl. insbesondere De vera religione 39, 72; Conf. VII 10, 16 und Lib. arb. II. Zu der Confessiones-Stelle vgl. F. E. van Fleteren in: Augustinian Studies 5, 1974, 29ff. Daß die 'reditio' oder Selbsterkenntnis die Vorbedingung glücklichen Lebens ist, macht De ordine II 18,47 deutlich: duplex quaestio est: una de anima, altera de deo. Prima efficit, ut nosmetipsos noverimus; altera, ut originem nostram ... illa nos dignos beata vita, beatos haec facit. [Der höchst aufschlußreiche Artikel von R. J. O'Connell, The Enneads and Saint Augustine's Image of Happiness, in: Vigiliae Christianae 17, 1963, 129-164 ist mir erst nach Fertigstellung des Manuskripts bekannt geworden. Er stützt

All diesen Texten ist das Postulat gemeinsam, das Denken des Menschen habe sich aus der Verstrickung in die Sinnlichkeit und Zeitlichkeit zurückzunehmen in sein eigenes Inneres, weil dieses allererst Aufschluß zu geben vermöchte über das sinnlich Erfahrene. Der Gedanke Augustins steht also gegen die Auffassung, daß die Erfahrung durch die Sinne für sich allein wahre Erkenntnis zu vermitteln imstande sei. Denkbar ist jedoch eine solche Vermittlung offensichtlich nur aufgrund eines in den Sinnen „vorlaufenden" Begreifens. Ursprung, Möglichkeit und Reichweite dieses Begreifens aber sind gerade durch den Rückgang in die Innerlichkeit zu eruieren. Auf diesen *inneren* Ursprung der Vergewisserung oder der Wahrheit als einer durch Begreifen geprägten Aussage verweist der zentrale Satz in 'De vera religione': „Gehe nicht nach außen, gehe in dich selbst zurück. Im inneren Menschen wohnt Wahrheit"[116]. Der innere Mensch: dies ist das denkende Selbstbewußtsein oder die ihres Grundes gewisse 'mens', in der und durch die einzig Wahrheit auffindbar ist. Mit einem analogen Postulat beginnt der Text in den *Confessiones* VII 10: „Ich trat in mein Innerstes ein unter deiner Führung und konnte dies, weil du mein Helfer geworden bist. Ich trat ein und sah . . ."[117]. Wenn die sinnliche Erfahrung der *Ansatz* zur Rückkehr des Denkens in sich selbst ist, dann muß in dem sich aus eben dieser sinnlichen Erfahrung zurückziehenden Denken bereits ein Element von Bewußtsein vorgängig wirken, das es zu eben dieser Rückkehr bestimmt; das Denken muß von sich aus immer schon ein zwar unklares, in seiner Eigentlichkeit noch verdecktes Wissen haben, welches auch im Akte der sinnlichen Erfahrung wirksam ist und so deren Relativität und Insuffizienz zu erkennen vermag. Aus dieser Einschränkung gegenüber der sinnlichen Erfahrung ist nicht unmittelbar eine „Welt- oder Leibfeindlichkeit" abzuleiten, es liegt ihr vielmehr die Intention zugrunde, das sinnlich Erfahrene in seinem Wesen zu begreifen, d.h. ein wahres Urteil über es zu fällen.

den von mir hier für den Glücks-Begriff entwickelten Zusammenhang Augustins mit Plotin; allerdings enthält er keine Diskussion der spezifischen Formulierungen und Dimensionen des Begriffs 'beatitudo' bei Augustinus, sondern zeigt vielmehr anhand eines minutiösen Vergleichs von Conf. VII 10 insbesondere mit Enn. V 8, VI 4-5 und VI 9 die Konvergenzen Augustins mit Plotin: Sie treffen sich in *wesentlichen* Aspekten. Die in Conf. VII 10 beschriebene 'visio' steht, wie zu zeigen auch meine Absicht ist, für das Zentrum des Glücks.]

[116] 39,72: Noli foras ire, in te ipsum redi. In interiore homine habitat veritas.
[117] Vgl. auch Ord. I 2,3: animus sibi redditus. Sermo 330,3: redi ad te: sed iterum sursum versus cum redieris ad te, noli remanere in te . . . et deinde redde te ei qui fecit te. Lib. arb. II 16, 41: in teipsum redeas (zur Vergewisserung und Legitimation des Urteils).

Das an das Denken gerichtete Postulat des Rückgangs in dessen eigene Innerlichkeit setzt mit eben diesem Rückgang den Anfang eines „Aufstiegs" im Innern (*ascensus in corde*[118]). Die Innerlichkeit des Bewußtseins erweist sich als durch unterschiedliche Intensitätsgrade bestimmt; Augustinus nennt diese: „Auge der Seele", Geist (*mens*) oder denkende Seele (*ratiocinans anima*) und das Licht „über" der *mens*, welches identisch ist mit der absoluten Wahrheit, der zeitfreien Unveränderlichkeit, identisch mit dem „Was ist"[119].

Im Rückgang des Denkens in sich selbst genügt offensichtlich nicht eine Selbstvergewisserung der denkenden Seele; um ein hinreichendes, universal sicheres Bewußtsein zu erreichen, ist es notwendig, diesen Bereich des Denkens in den Grund eben dieses Denkens zu überschreiten: Woraus ihm die Einsicht kommt, „von woher das Licht der Vernunft selbst angezündet wird". Dies aber ist die im zeitlichen Akt des Rückgangs in sich dem Denken ansichtig und einsichtig werdende Wahrheit selbst. Sie ist im Denken selbst seiend, als dessen Ermöglichungsgrund in ihm anwesend, zugleich aber ist sie „über" ihm, also nicht nur der allgemeine Grund besonderer Denkakte, sondern der transzendent in sich selbst und zugleich in der Innerlichkeit des Denkens seiende und wirkende, apriorische Grund von Bewußtsein, Denken, Erkennen. Im Rückgang des Denkens in sich wird daher Wahrheit in ihrer dialektischen Struktur bewußt, In-Sein und Über-Sein zugleich zu sein. Trotz des Anfanges und Aufstiegs des Denkens im inneren Menschen wird das Über-Sein oder Anders-Sein der apriorisch im Denken erfahrenen Wahrheit immer wieder herausgestellt: Das „unveränderliche Licht" (*lux incommutabilis*), welches das Denken „über" sich selbst gewahrt, ist nicht etwa „aus derselben Art" größer als das sinnlich erfahrbare, sondern etwas „ganz Anderes" (*aliud valde ab istis omnibus*[120]). Das Über-Sein dieses Lichtes der Wahrheit oder des Seins ist bedingt durch die Tatsache, daß diese im Denken erfahrene Wahrheit offensichtlich die *göttliche*, absolute Wahrheit selbst ist; dadurch wird die Differenz zwischen Absolutheit (*creator*) und Endlichkeit (*creatura*) evident: „Sed superior, quia ipsa fecit me, et ego inferior, quia factus ab ea"[121]. Die

---

[118] Ascensus in corde: En. in Psalm 83, 10. Conf. XIII 9, 10: dono tuo accendimur et sursum ferimur; inardescimus et imus. ascendimus ascensiones in corde et cantamus canticum graduum. Conf. IX 10, 24: ascendebamus interius cogitando. Transcendere: ebd. Transcende et te ipsum: Ver. rel. 39,72.
[119] Conf. VII 17,23.
[120] Ebd. VII 10,16.
[121] Ebd.

Einsicht in die das Denken übersteigende und dennoch in ihm wirksame, es ermöglichende Wahrheit ist als eine „Übereinkunft" mit ihr zu verstehen: Wenn Wahrheit, wie ich zuvor bereits angedeutet habe, für Augustinus höchste Selbstübereinkunft ist, Ausschluß also aller Differenz im Sinne von Unwahrheit, Täuschung und Nicht-Sein (*convenientia, qua superior esse non possit*), dann ist es Ziel des denkenden Rückgangs in die Innerlichkeit, mit eben dieser absoluten Selbstübereinkunft in einem ihr analogen Sinne übereinzukommen. Die dem Menschen höchst-mögliche „Wahrheit" oder *convenientia* ist also die Identifikation mit der absoluten *convenientia* oder Wahrheit, deren Transzendenz er in sich selbst erfährt, die zugleich zum Anfang und Maß alles weiteren verläßlichen Denkens und Erkennens werden kann.

Wenn von einem „Licht" die Rede ist, aus dem sich Einsicht entzündet (*unde ipsum lumen rationis accenditur*[122]), dann ist damit nicht etwa eine rein psychologische Erfahrung der Evidenz gemeint; *lux incommutabilis* steht vielmehr als Aussage über die apriorische Seinsverfassung der menschlichen Erkenntnis: Grund und Maß der Erkenntnis von Wahrheit in Zeit ist das zeitlos-unwandelbare, lichtende Licht der absoluten Wahrheit selbst[123]. Das Medium also, wodurch sich jede menschliche Erkenntnis vollzieht, ihr absoluter Ermöglichungsgrund, ist die Gegenwart des Lichtes der seienden Ideen (*rationes aeternae*) im Innern des menschlichen Geistes oder die darin gegebene wesenhafte Verbundenheit des Denkens mit der Wahrheit selbst[124]. Theologisch gesagt ist „Erleuchtung" die Teilhabe am Wort, an jenem Leben also, welches das Licht der Menschen ist[125]. Das den Menschen erleuchtende, sich ihm zusprechende Wort trifft das für die Personalität des Menschen konstitutive innerliche Licht als inneres Wort und kann so die freie Umkehr (*conversio*) der *imago dei* in ihr lichtes Ur-Bild initiieren. *Illuminatio* wird damit zum Ereignis der Einsicht aus dem Zusammenwirken menschlicher Leistung (Rückgang des Denkens in sich) mit der göttlichen Wirkung, die sich als Anwesenheit und Antreffbarkeit der absoluten Wahrheit im Denken selbst erweist.

---

[122] Ver. rel. 39,72.
[123] Gottes Wesen als Licht außer Conf. VII 10,16: vidi . . . supra mentem meam lucem incommutabilem, z. B.: Solil. I 1,3: Deus intelligibilis lux, in quo et a quo et per quem intelligibiliter lucent, quae intelligibiliter lucent omnia. in Joh. 2,6ff. 13,5. En. in Psalm 26, s. 2,15. 93,6.
[124] Vgl. z. B. Lib. arb. III 5,13. Div. quaest. LXXXIII 46,2.
[125] Trin. IV 2,4.

In der denkenden Übereinkunft mit der höchsten Selbstübereinkunft (Wahrheit) gelangt das Denken zu dem, „was ist" „im Augenblick eines zitternden Gesichts"[126]. Das Erreichen dessen was *ist,* – im Rückgang des Denkens in sich selbst – erweitert also die Identifikationsreihe von veritas – aeternitas – caritas[127] durch das „Sein selbst". „Das, was *ist*", kann nämlich nur als eben dieses absolute, reine, unveränderlich es selbst seiende Sein verstanden werden, das sich in der Selbstaussage zeigt: „Ich bin der ich bin." Dies aber, das „Sein selbst", ist das Gewisseste, so daß Augustinus eher sagen möchte, es bestehe vielleicht mehr Anlaß zu zweifeln, daß er lebe, als daß nicht die Wahrheit sei, die durch das, was geschaffen ist, als eingesehene erblickt wird[128]. Diese Überzeugung besteht selbst dann, wenn sich der Denkende eingestehen muß, daß er nach dem unmittelbaren Ereignis eben dieser Einsicht aufgrund eigener Schwäche wieder in die ihm gewohnte Situation von Bild, Schatten und Rätsel zurückgeworfen wird, daß ihm aber die „liebende Erinnerung"[129] oder der aus dieser Einsicht resultierende Impuls bleibt, sie für sein Sein, Erkennen und Handeln als konstitutiv festzuhalten. Sie ist sozusagen der Vorblick des in Hoffnung Glücklichen auf das kommende Glück: den dauernden Besitz der absoluten Wahrheit im Sehen. Das vorläufige Glück also besteht in der Abstraktion vom Vielen[130], Sinnlichen, Zeitlichen, Zerstreuenden, in der Hinwendung in das Innere des Denkens – in die es begründende Einheit und Wahrheit – und eben dadurch in der Intensivierung des eigenen Seins, indem dieses sich von dem mit der Wahrheit identischen Geiste bestimmen läßt. Darin gerade besteht seine Freiheit, daß er sich dem „Sein selbst" und der höchsten Sinngestalt öffnet: „Haec est libertas nostra, cum isti subdimur veritati"[131]. Dies ist das höchste Maß des „hier" schon zu erreichenden Glücks.

Die Frage, wie kann ich *suchen,* was ich „noch nicht" – zumindest noch nicht aus Erfahrung – kenne, tritt in zweifacher Form auf: in der Frage nach dem Glück ebenso wie in der Frage nach Gott, da beide we-

---

[126] Conf. VII 17,23: pervenit ad id, quod est, in ictu trepidantis aspectus.
[127] Conf. VII 10,16: qui novit veritatem, novit eam (scil. lucem incommutabilem) et qui novit eam, novit aeternitatem. Caritas novit eam. O aeterna veritas et vera caritas et cara aeternitas!
[128] Conf. VII 10,16 s. f.
[129] Ebd. 17,23 s. f.
[130] Sermo 96, 6, 6: a multis curre ad unum, dispersa collige in unum: conflue, munitus esto, mane apud unum; noli ire in multa. Ibi est beatitudo. Ver. rel. 55, 113.
[131] Lib. arb. II 13, 37.

senhaft zusammengehören: „cum enim te, deum meum, quaero, vitam beatam quaero"[132]. Was das Glück anlangt, so umspielt Augustinus den platonischen Gedanken der *anamnesis* (*recordatio*), der ein „Vergessen" des einmal schon gekannten oder gehabten Glücks einschließen würde, ohne sich präzise für diese Theorie als Erklärungsgrund des Suchens zu entscheiden. Alle, die glücklich sein wollen, diese in Hoffnung Glücklichen, wissen doch, was sie lieben. Der Anfang des Suchens freilich ist undeutlich; die Frage, ob das glückliche Leben „im Gedächtnis" sei, findet nur eine – dem Anfang freilich angemessene – allgemeine Antwort: wir kennen es „irgendwie", wir haben von ihm einen „bestimmten Begriff" (*certa notitia*), den es zu realisieren gilt; *er* ist der Grund des Suchens[133]. Analog hierzu begründet und bewegt die Präsenz von Wahrheit und Weisheit in der denkenden Innerlichkeit des Menschen die Suche Gottes[134]: *transcensus* der Innerlichkeit *in* ihr auf das Über-Sein hin, wie die Texte aus 'De vera religione' und den 'Confessiones' gezeigt haben. Im zweiten Buch von 'De libero arbitrio' ist aus der apriorischen Verfaßtheit des Geistes sogar ein Erweis des Daseins Gottes intendiert, der auch expressis verbis mit dem glücklichen Leben verbunden ist. Dies soll kurz verdeutlicht werden.

In der Selbstreflexion oder Selbstergründung des Geistes (*mens*) oder der Vernunft (*ratio*) zeigt sich dem Denken etwas, was „höher", d. h. im Modus des Grundes intensiver seiend ist als es selbst[135]. Ausgangspunkt (erster Ansatz) dieser Erfahrung ist ein „Unveränderliches" in uns, das weder durch Denken noch Empfindung auflösbar und verrückbar erscheint. Als Paradigma hierfür fungiert – gut platonisch – die Seinsstruktur der Zahl (*ratio et veritas numeri*[136]). In der Erfahrung dieses unveränderlichen Seins in uns zeigt sich unmittelbar auch der nicht mehr mit uns selbst identische Ursprung dieses Seins und dieser Erfah-

---

[132] Conf. X 20, 29.

[133] Ebd. und 21, 30f. Lib. arb. II 9,26: mentibus nostris impressa est notio beatitatis. 15, 40.

[134] Conf. X 25,36: Sed ubi manes in memoria mea, domine, ubi illic manes? quale cubile fabricasti tibi? quale sanctuarium aedificasti tibi?

[135] Lib. arb. II 6,13: aliquid ... quod sit in natura hominis ratione sublimius. 14: ipsa nostra ratione praestantius ... aliquid supra nostram rationem (= aeternum atque incommutabile). 12,34: excellentior ... quam mens nostra (veritas [ipsa]). 15,39: supra mentes (Deus = ipsa veritas). ... Est enim deus, et vere summeque est. – Zur Dialektik von „In" und „Über" vgl. Conf. III 6,11: interior intimo meo (Deus) et superior summo meo.

[136] Lib. arb. II 8,20. 21: incorruptibilis numeri veritas. 23: Hoc ergo quod per omnes numeros esse immobile, firmum incorruptumque conspicimus, unde conspicimus?

rung: die mit der Wahrheit identische *Weisheit selbst,* die zudem allen denkenden Wesen gemeinsam ist[137]. Sie ist nicht nur der zeitfreie, absolute Ort[138] der Zahlen, so daß die unveränderlichen Regeln der Zahlen zugleich die unveränderlichen Regeln der Weisheit sind, sondern sie ist auch der Ort der Ideen[139], die in ihrem zahlhaft-strukturierenden oder ordnenden Sein zugleich als creativer Vorentwurf der Welt wirksam sind (*Sapientia disponit omnia suaviter*). Sie sind im WORT als der „vom Vater gezeugten Weisheit"[140] ausgesprochen: als ein Sein in sich – inneres Moment des göttlichen Denkens – und zugleich als creative Konstituentien von Welt – göttlicher Grund eines gegenüber ihm selbst „anderen" Seins. Wenn der Mensch also im Rückgang des Denkens in sich selbst ein unwandelbares Sein findet, so realisiert er dadurch ebenso seine Verbundenheit mit dem Bereich der Ideen[141]. Das Erreichen aber der Erkenntnis von Wahrheit, Weisheit, Bereich der Ideen, Gott, das Sich-Richten auf das, was „immer Ein und Das Selbe ist" (*unum atque idem semper*[142]), – initiiert und bewegt durch den unserem Geist eingeprägten Begriff von Weisheit und Glück (*sapientiae et beatitatis notio in mente impressa*)[143] – ist zumindest im Bereich der Endlichkeit die höchste Form von Glück: das, was den *spe beati,* den durch Hoffnung und in ihr Glücklichen entspricht. „Niemand nämlich ist glücklich, es sei denn durch das höchste Gut, das in der Wahrheit gesehen und begriffen wird, die wir Weisheit nennen"[144]. Diese aber *ist* das „Sein selbst"[145].

[137] Lib. arb. II 9,25. 26: num aliam putas esse sapientiam nisi veritatem, in qua cernitur et tenetur summum bonum? 27: lux ipsa sapientiae ... omnibus sapientibus ... una communis. 14,38. 19,52. 16,42: Transcende ergo et animum artificis, ut numerum sempiternum videas; iam tibi sapientia de ipsa interiore sede fulgebit. (Vgl. Plot. I 6, 9, 13-15: ... καὶ μὴ παύσῃ τεκταίνων τὸ σὸν ἄγαλμα, ἕως ἂν ἐκλάμψειέ σοι τῆς ἀρετῆς ἡ θεοειδὴς ἀγλαΐα, ἕως ἂν ἴδῃς σωφροσύνην ἐν ἁγνῷ βεβῶσαν **βάθρῳ**.)

[138] Lib. arb. II 11,30: ... eius (scil. incommutabilis veritatis numerorum) quasi cubile ac penetrale vel regionem quandam ... quasi habitaculum quoddam sedemque numerorum.

[139] Ebd. 12,33.

[140] 15,39.

[141] 12,33. 19,52: coaptare animum illis incommutabilibus regulis ... III 5,13: humana anima divinis ex quibus pendet connexa rationibus.

[142] II 16,41.

[143] II 9,26.

[144] Ebd.: nemo enim beatus est, nisi summo bono, quod in ea veritate, quam sapientiam vocamus, cernitur et tenetur. 13,35: quid beatius eo qui fruitur inconcussa et incommutabili et excellentissima veritate. 13, 36. 16, 41: beata vita animae deus est.

[145] 15, 19. Zu diesem Problem vgl. W. Beierwaltes, Platonismus und Idealismus 30ff. É. Zum Brunn, L'exégèse augustinienne de „Ego sum qui sum" et la „métaphysique de l'Exode", in: Dieu et l'Être (ed. P. Vignaux), Paris 1978, 141-163.

Das philosophische Modell dieses Gedankens, das in analoger Weise das Sehen des Ursprungs mit der höchsten Form des Glücks verbindet, ist, wie ich anfangs angedeutet habe, von Plotin und der ihm folgenden neuplatonischen Philosophie entwickelt worden. Es ist zur weiteren Klärung der Frage nach den philosophischen Implikationen des augustinischen Denkens wenigstens kurz zu skizzieren.

Das Denken gelangt im Rückgang in sich selbst (ἐπιστροφή), im Akt der Selbstvergewisserung also, in seinen eigenen Ursprung. Dieser ist, wie in Augustins Konzeption, zugleich in und über dem Denken gedacht. Er ist das absolute, in sich relationslose Eine selbst, welches Ursprung jeglicher Form von Einheit und Denken zugleich ist. Obgleich es mit dem 'theos' zu identifizieren ist, besteht gerade in der Relations- und damit Reflexionslosigkeit des Einen eine wesentliche Differenz zu dem in sich reflexiven Gott Augustins. Der Prozeß der Selbstvergewisserung setzt bei Plotin mit einem dem augustinischen ähnlichen ethischen Imperativ ein: daß der Mensch sich befreien solle aus dem Verstricktsein in Sinnlichkeit und Vielheit (ἄφελε πάντα[146]). Dieser Rückgang ist zugleich Aufstieg durch die verschiedenen Intensitätsgrade des 'nus' und der 'psyche', also des Denkens insgesamt. Im Rückgang des Denkens in sich selbst gelangt dieses allererst in das wahre Selbst des Menschen, den „inneren Menschen" (ὁ εἴσω ἄνθρωπος), das eigentliche Wir[147]. Dieses gründet im Bereich des intelligiblen, reinen Seins, wirkt aber zugleich in die zeithafte Existenz des Menschen hinein[148]. Der Ursprung des Denkens wird dem Denken in der Rückwendung auf sich selbst nicht nur bewußt, vielmehr wird es diesen Ursprung selbst, es verwandelt sich in 'nus'[149]. Gemäß dem Ansatzpunkt ist der Rückgang des Denkens auch eine immer größere Vereinfachung, ein intensiveres Eins-Werden, insofern es sich von seinem eigenen Grunde immer intensiver bestimmen läßt. Das Ziel dieses Prozesses ist das Eins-Werden mit dem Einen selbst. Dieses kann freilich nicht als solches gedacht und gewußt werden, weil es über oder vor dem Etwas oder der Form ist, die einzig dianoetischem Denken zugänglich ist. Gewußt und gedacht werden kann es vielmehr nur als „das Eine in uns", als der Einheitsgrund unseres Denkens, der durch sich selbst über sich selbst hinausweist auf

---

[146] V 3, 17, 38.
[147] VI 4, 14, 16ff. V 1, 10, 10. I 1, 7, 20. Vgl. auch VI 7, 4. G. J. P. O'Daly, Plotinus' Philosophy of the Self, Shannon 1973.
[148] I 1,7.
[149] VI 7, 35, 4f.

seinen eigenen Grund[150]. Das im Denken vorlaufend seiende und wirkende Eine als der Grund der Einheit des Denkens ist also die Voraussetzung für eine nicht-mehr-denkende „Erfahrung" des Einen selbst. Zu dieser Erfahrung „hilft" – etwa im Sinne des augustinischen „duce te" – das Eine dem Denken nicht unmittelbar, aus sich selbst herauszukommen; es transzendiert sich vielmehr selbst ausschließlich aufgrund der ontologischen Vorläufigkeit des Einen *im* Denken oder durch die Strukturiertheit des Denkens durch das Eine, durch dessen unificative Kraft im Denken[151]. In der Einung mit dem Einen selbst geht das Denken in Nicht-Denken über, das Sehen wird das Gesehene selbst – ein Zustand, in dem die Differenz im Denken aufgehoben ist, analog dem Über-Sein des differenzlosen Einen selbst. „Das Gesehene aber sieht der Sehende in jenem Augenblick (der Einung) nicht – die Rede ist freilich kühn –, unterscheidet es nicht, stellt es nicht als zweierlei vor, sondern er ist gleichsam ein anderer geworden, nicht mehr er selbst und nicht sein eigen, ist einbezogen in die obere Welt und jenem Wesen (dem Einen) zugehörig und so ist er Eines, indem er gleichsam Mittelpunkt mit Mittelpunkt berührt"[152]. Plotin meint so zu Recht, daß er eigentlich nicht mehr von einem „Geschauten" sprechen, sondern nur noch auf ein „Geeintes" verweisen könne[153].

Wenn Augustins Gedanke der plotinischen Intention des Rückgangs und Aufstiegs des Denkens in sich analog ist, so unterscheidet er sich – über den theologischen Kontext hinaus – von Plotin freilich dadurch, daß er das erkennende, betrachtende Sehen nicht in seinen Gegenstand über- oder aufgehen läßt, sondern vielmehr das Sehen gerade als ein

---

[150] III 8, 9, 22. 11,19. V 1,11,13f. V 3, 8, 41ff. VI 9, 11, 31.

[151] Porphyrios allerdings hebt den θεὸς συλλήπτωρ, ἔφορος, ἐπόπτης heraus: ad Marcellam 12, 282, 6 und 18 (Nauck²), was doch die Annahme einer direkten helfenden Beziehung des Gottes zum Menschen voraussetzt. Dies nimmt den frühen griechischen Gedanken des 'concursus divinus' auf, z. B. Aeschylus, Pers. 742. Soph. frg. 841 (Nauck²). Eurip. frg. 432 (Nauck²): τῷ γὰρ πονοῦντι καὶ θεὸς συλλαμβάνει. Menander frg. 494 (Körte-Thierfelder II 169), bei einem gerechten Wagnis „fasse auch der Gott mit an": τόλμῃ δικαίᾳ καὶ θεὸς συλλαμβάνει. (Auf die genannten Stellen aus Tragödie und Komödie hat mich freundlicherweise Eckard Lefèvre hingewiesen.) – Xenophon, Mem. I 4, 18: πάντων ἐπιμελεῖσθαι (θεούς). IV 3,13: θᾶττον δὲ νοήματος ἀναμαρτήτως ὑπηρετοῦντα (θεόν). Marc Aurel IX 40 (συνεργεῖν). Bei Plotin beschränkt sich der Gedanke auf die allgemeine Gegenwart des Einen als des Grundes und Zieles.

[152] VI 9, 10, 13ff.

[153] VI 9, 11, 6ff. 10, 14f. I 6, 7, 25ff. – Für eine genauere Darstellung dieser Fragen siehe W. Beierwaltes, Reflexion und Einung, in: Grundfragen der Mystik (zus. mit H. U. von Balthasar und A. M. Haas), Einsiedeln 1974.

absolutes, zeitlos fortdauerndes bewahren will. In den Augen Augustins könnte das glückliche Leben im Sinne Plotins nur punktuell sein: im Augenblick der Evidenz und Einung. Allerdings würde eine derartige Sicht die Funktion, die der Unsterblichkeitsgedanke auch für Plotin hat, nicht intensiv genug bedenken.

4. Einiges ist nun noch zu sagen über den *Modus*, in dem der Grund und Gegenstand des Glücks: Wahrheit, Weisheit, unwandelbares Sein selbst, Gott, dem Menschen gegenwärtig wird und ihm bleibt. Was also impliziert das „*Haben*" im Satz: „Deum qui habet, beatus est"? Im Grunde ist dies in der Analyse der Implikate von '*Deus*' bereits mitgedacht und auch gesagt: in den abschließenden Bemerkungen soll der spezielle Modus zur Differenzierung gegenüber modernen Ansichten über das Glück noch einmal eigens hervorgehoben werden.

Der Weg zum glücklichen Leben und der Akt, es in permanenter Gegenwart zu behalten, ist Erkennen (*cognoscere*), Einsehen (*intelligere*), Wissen (*scire*), Betrachten (*contemplari*), intelligibles (*geistiges*) Sehen (*videre, visio*), das eine Erleuchtung erwirkt[154]. Damit ist das Suchen und „Haben" des Glücks als eine Form des Denkens oder der höchsten Möglichkeit und Intensität des Geistes beschrieben, die einzig das Ankommen im Ziel oder Ende garantiert. Freilich ist dadurch keine Einschränkung dieses Modus auf ein neuzeitlich denkbares rationalistisches Operieren mit Begriffen gemeint. Andererseits wird der Zugang zum glücklichen Leben nicht in den Bereich diffuser und begrifflich unkontrollierter Emotionen abgeschoben, wenn Augustinus Erkennen, Wissen, Betrachten mit Lieben (*amare*) identifiziert und somit das „Haben" als „Lieben" interpretiert: „Beata quippe vita si non amatur, non habetur"[155]. Geliebt wird aber das glückliche Leben nur, *weil* es gewußt oder erkannt ist[156]. Dieser Gedanke ist die Konsequenz aus Augustins Konzeption der triadischen Selbstdurchdringung des Geistes: *mens – notitia*

---

[154] *Cognoscere, contemplari:* z. B.: Mor. Eccl. I 19,35. Ag. christ. 33,35. Div. quaest. LXXXIII 35,2. Sermo 363, 29, 30f. Ep. 187, 6, 21. – *scire:* Trin. XIII 4,7. Retr. I 2. – *videre, visio* z. B.: Civ. Dei XX 21,1. XXII 29f. Gen. ad. litt. XII 16,54. De Sermone Domini in monte II 12,34. En. in Psalm. 83,8. *illustrari,* z. B.: Mor. Eccl. XI 8. Zum Begriff und Problem der 'illuminatio' vgl. V. Warnach, Erleuchtung und Einsprechung, in: Augustinus Magister, Paris 1955, I 429-450 und meine Artikel 'Einsprechung', 'Erleuchtung' und 'Irradiatio' im Hist. Wörterbuch der Philosophie (hg. v. J. Ritter) II und IV.

[155] Civ. Dei XIV 25. Mor. Eccl. I 3,4.

[156] Trin. XIII 4,7. VIII 4,6. X 1,3. Über triadische Selbstvergewisserung als 'analogia trinitatis' des Geistes vgl. R. Berlinger, Augustins dialogische Metaphysik, Frankfurt 1962, 171ff.

(Erkennen als begreifender Akt des Geistes) – *amor* durchdringen sich als je einzelne zu einer unvermischten, aber auch unlösbaren Einheit[157]. *Amor* ist sowohl für den Selbstbezug des Geistes, als auch für dessen Impuls über sich hinaus, für seine Transzendenz-Bewegung konstitutiv. Die Liebe aber *bleibt* ein Erkennen: höchste Form der Einheit von Denken und Emotion als '*philosophia cordis*'. – Glück als erkennendes oder sehendes Lieben und liebendes Sehen oder Erkennen kommt einem „Genießen" des höchsten Gutes oder Gottes (*frui deo*) gleich: „Beatus est quippe qui fruitur summo bono (sive deo)"[158]. Im Gegensatz zum Gebrauchen (*uti*), d. h. zum gebrauchenden Ausnützen einer Sache oder der Absicht, etwas um eines anderen (eines zu erreichenden Zieles willen) in Funktion zu nehmen, meint „Genießen" einen auf den Gegenstand selbst bezogenen Besitz, oder: „in Liebe einer Sache um ihrer selbst willen anhangen", „gegenwärtig zu haben, was man liebt"[159]. Das Wort „genießen" oder „Genuß" hat gegenwärtig einen durchaus hedonistischen Klang, suggeriert das bloß passive Konsumieren dessen, was um seiner selbst willen der Anstrengung und Schärfe des Begriffs bedürfte, die nicht der Freudlosigkeit verfiele. Derartiger Genuß ist eher Mißbrauch[160]. „Genießen" im Sinne Augustins beschreibt dagegen – gerade in Bezug auf die *vita beata* – höchste geistige Intensität, die den höchsten Gegenstand des Erkennens, Sehens, Liebens in sich aufnimmt, wie er *ist, sicuti est,* als das höchste Sein und zugleich als die höchste Selbsterfüllung des Menschen.

5. Die Analyse der Modi, in denen der Mensch im Sinne Augustins zum glücklichen Leben gelangt und es vielleicht auch behält, explizieren allesamt den Gedanken: von seinem Grund her ist glückliches Leben eine Form höchster geistiger und emotionaler Intensität – eben des Sehens, Erkennens und Liebens. Emotion aber ist hier immer als eine von Geist durchdrungene gedacht. Daß nicht irgendeine Erkenntnis, die vielleicht als sogenannt „geglückte" das Wissen erweitert, sondern Erkenntnis als das erkennende Sehen des universalen, den Bereich des Seins und des Wißbaren bestimmenden Grundes ein Leben bewirkt, das die Bezeichnung „glücklich" oder „geglückt" verdiente, diese Konzeption unterscheidet sich wesentlich von bestimmten neuzeitlichen und

---

[157] Trin. IX 4,7.
[158] Lib. arb. II 13,36. 35 (Text Anm. 144). Beata vita 34. Mor. Eccl. I 3,4. 19,35. Ord. I 8,24. Doct. christ. I 22,20.
[159] Doct. christ. I 4,4: frui est enim amore inhaerere alicui rei propter se ipsam. Mor. Eccl. I 3,4. Vgl. Plot. I 6,7,27: ἀπολαύειν (scil. αὐτοῦ τοῦ καλοῦ).
[160] Zur *perversio* von *uti* und *frui:* Div. quaest. LXXXIII 30.

gegenwärtigen Vorstellungen und Formeln vom Glück, die von Wahrheits-Erkenntnis im beschriebenen Sinne grundsätzlich getrennt sind: Glück als bloßes Gefühl, als Bestimmtheit des Selbstgenusses, als sentimentales Wohlbefinden, als borniertes Saturiertheit durch Konsum, die sich nicht altruistisch aufbrechen lassen will, Reduktion der Wirklichkeit auf eine gegen Einsprüche abgedichtete 'brave new world', in der „they get what they want, and they never want what they can't get"[161]; das Glück wird als System verordnet. Obgleich Augustins Begriff des Glücks nicht egozentrisch beschränkt ist – die Liebe zu Gott nämlich kann nicht ohne die zum Nächsten sein[162], so daß das Streben des Einzelnen nach Glück auch dessen Verbundenheit zum Anderen hin begründen und steigern muß – ist er gleichwohl nicht mit den utopischen Gesellschaftsentwürfen kompatibel, die das Glück Aller in der Zukunft versprechen. Freilich entzieht er sich nicht der sozialen Verantwortung, schon 'in dieser Zeit' die Menschlichkeit, d. h. das Bewußtsein der Bestimmung des Menschen durch ein der Geschichte transzendentes Ziel entschieden zu befördern[163].

Sofern man den augustinischen und mit ihm den griechischen Begriff von glücklichem Leben nicht leichtfertig als „kontemplativ" verdrängt oder gar ächtet, könnte eine Analyse dieser Gedanken-Dimension vielleicht Anstoß zu einiger Besinnung geben. Freilich ist dies im Blick auf das Glück wohl nicht möglich in einer Philosophie ohne Normen und Prinzipien, die von ihnen selbst her nicht notwendig Freiheit-bedrängende Praeskriptionen sein oder ideologisch repressiv wirken müssen. Gegen die allzu gängige Desavouierung des „Begriffs", d. h. des begrifflichen, rationalen Denkens, als des Schuldners eines als zweckrational durchplanten, aber nichtsdestoweniger undurchsichtigen Gesellschaftssystems hätte Philosophie wieder den Gedanken zu favorisieren, daß für die glücklose Verstrickung einer Zeit einzig begreifendes, argumentativ und begründend verantwortetes Denken – wenn überhaupt – ein Rettendes sein kann. Nicht allerdings ein Denken, das zwar begreifend verfährt, aber im formalen oder formalistischen Verfahren hängen bleibt, auch nicht der ideologische Octroi, der allzu genau und ohne kritische Toleranz weiß, was wahr ist, ein Begriff vielmehr, der in intensiver Anstrengung und Selbstkritik auf die Sache oder die Wahrheit der

---

[161] In der Konsequenz: eine radikale und ruinöse Restriktion von Geist und Emotion (vgl. A. Huxley, Brave New World, 1932).
[162] Vgl. z. B. Trin. VIII 8,12. Ev. Joh. 65,2.
[163] Dies evident zu machen ist eines der Ziele von Augustins geschichtsphilosophischer und -theologischer Schrift 'De civitate Dei'.

Sache gerichtet ist und diese auch in einem dialektischen Prozeß zum Richtmaß für Denken *und* Praxis nimmt. Wenn aus der Geschichte des Denkens etwas zu lernen sein sollte, dann also allem voran dies: daß angesichts leidvoller geschichtlicher Erfahrungen weder ein bedingungslos wissenschaftsgläubiger Denkhabitus oder ein geradezu naiver Optimismus des Aufklärens, noch eine in diffusen Irrationalismus sich entziehende Re-Mythisierung des Bewußtseins Glück verheißen und bringen kann, sondern eher ein verantwortbares Denken, das sich selbst und der aus ihm sich ergebenden Praxis einen Spielraum läßt, mit Emotion und produktiver Phantasie auf gutem Fuße steht. Die Wahrheit der Sache, von der die Rede war, – man nenne sie Sein, Grund, Idee oder Vernunft – müßte zumindest in – wenn auch nur ferner – Analogie etwas von derjenigen Verbindlichkeit besitzen, wie sie das Prinzip der *'theoria'* oder die *'regio beatitudinis'* für griechisches oder christliches Denken einmal hatte. Die nicht nur historische Erinnerung an eine tragfähige Sache, die auf der Suche nach Korrektur und Impulsen für die Gegenwart geübt wird, ist schwerlich als „reaktionär" oder unkritisch abzuschieben, es sei denn, man hegt die Befürchtung, schon eine in sich sinnvolle Konzeption der Vergangenheit müsse für die eigenen Absichten irritierend wirken. Vielleicht würde dann auch evident, daß Glück nicht an irgendwelchen Subjektivismen oder an im Grunde auswechselbaren Stimmungen und Gefühlen hängen kann, auch nicht an einer „Wahrheit", die sich selbst total in geschichtlichen Relativismus auflöst, sondern eher in der Erkenntnis eines Gedankens gründet, der sich als verbindlicher und maß-gebender trotz seiner geschichtlichen Transformationen durchhält und erweist[164].

---

[164] Einer eigenen Überlegung bedürfte es, den Unterschied einsichtig zu machen, in welchem Maße die griechische und augustinische Konzeption von Glück als einem sehenden Erkennen und 'Genießen' in Gegensatz steht zu einer eudämonistischen und utilitaristischen Lust- oder Zweck-Ethik, wie sie etwa die neuzeitliche Aufklärung weithin und anhaltend bestimmt hat. Der common sense scheint davon schwerlich abzubringen zu sein. Das gegenwärtig allgemein beförderte Konsum-Denken wirkt auf eine derartige Haltung nur stimulierend, das dadurch wachsende Debakel der Selbstbefangenheit des Menschen aber verdeckt es beflissen.